QUEEN in 3-D

퀸 인 3D

퀸 인 3D

QUEEN in 3-D

BRIAN MAY
브라이언 메이

미르북
컴퍼니

The London Stereoscopic Company

Directors: Brian May, Denis Pellerin
Publisher: Robin Rees
LSC Manager: Sara Bricusse
Art Director: James Symonds
Editor: Denis Pellerin
Lenticular: David Burder
Publicist: Nicole Ettinger
Cover Design: Brian May
Copy Editor: Sarah Tremlett
Proofreader: Tom Jackson
Office Manager: Sally Frost
Website: Phil Murray
Audio Book and Editorial: Kris Fredriksson

First published in 2017 by
The London Stereoscopic Company

Book printed stochastically in China by Jade Productions.
Printed on paper from sustainable forests.
OWL Stereoscope designed by Brian May, made under
licence by S. B. Weston Ltd., UK, and Jade Productions, China.

Second edition 2018.

Queen

Management: Jim Beach
Archivist and editorial consultant: Greg Brooks
Queen online: Nick Weymouth
Publicist: Phil Symes
Queen Fan Club: Jacky Smith

나의 가장 오랜 동반자인 로저 메도우즈 테일러Roger Meddows
Taylor, 그가 이 책을 위해 베풀어준 모든 것에 특별한 감사를
전한다.

초판 1쇄 2019년 5월 13일
지은이 브라이언 메이 **옮긴이** 공경희
펴낸곳 미르북컴퍼니 **전화** 02-3141-4421 **팩스** 02-3141-4428
등록 2012년 3월 16일(제313-2012-81호)
주소 서울시 마포구 성미산로32길 12, 2층 (우 03983)
전자우편 sanhonjinju@naver.com

* 파본은 책을 구입하신 서점에서 교환해 드립니다.
* 책값은 뒤표지에 있습니다.

일러두기
음반명은 〈 〉, 곡명은 〈 〉, 서적과 잡지는 「 」, 영화나 행사 등은 「 」로,
옮긴이 주는 [ ]로 표기하였습니다.

www.Queenin3-D.com
www.BrianMay.com
🐦 @DrBrianMay
www.LondonStereo.com
🐦 @LondonStereo

Instagram: BrianMayForReal
Pinterest: Explore/Brian-May/
YouTube: Brian May Official
Instagram: LondonStereoscopicCompany/
FaceBook: The-London-Stereoscopic-Company-Ltd

CONTENTS

서문

퀸의 투어에
동행하는 경험 속으로

이 책은 그 자체로 여행이다. 처음 퀸의 3D 책을 만들 수 있을지 궁리하기 시작할 때는 이렇게 끝날 줄 전혀 몰랐다. 우리가 록 밴드 퀸으로 활동한 세월 동안 내가 찍은 3D 사진들을 모아 보자는 아이디어 정도였다. 몇 마디 설명을 덧붙이면 되리라 생각했다. 작은 사진집을 예상했다. 3D 스냅 사진 모음집 정도. 그런데 우리 포렌식 팀의 입체영상 사학자인 데니스 펠러린Denis Pellerin과 퀸 공식 기록물 보관인 그렉 브룩스Greg Brooks가 작업에 돌입하자, 나는 이것이 엄청난 자료가 담기는 프로젝트가 되리란 걸 깨달았다. 각각의 사진에 담긴 이야기를 끄집어내고, 오래 잊었던 상황들이 생생하게 기억날 터였다. 난 늘 3D 사진이 2D 사진보다 천 배는 강력하다고 생각해 왔지만, 이 3D 순간들이 어찌나 독특하게 기억을 환기시키던지 정말이지 깜짝 놀랐다. 덕분에 이 책은 내 시선으로 본 퀸의 다차원적 역사가 되었다. 결국 어떤 사진을 뺄지가 가장 고민스러웠다.

또한 이 책을 통해 로저, 존, 프레디와 내가 수십 년간 아주 깊고 넓은 관계였음을 새삼 깨달았다. 혹자는 록 밴드의 투어가 연주와 호텔만으로 채워진다고 말하고, 실제로 그런 그룹들도 많다! 하지만 지적 호기심이 많고 관심사가 다양한 우리에게 투어는 사람들이 사는 풍경을 가까이서 볼 기회였고, 그 여정만의 특별한 매력이 더해졌다. 단순히 관광객으로 여행했다면 우리가 좋아하는 미술관이나 대성당, 해변 등을 정해서 구경했을 것이다. 하지만 투어를 돌면서 하는 여행에서는 여러 나라에서 수천 명과 친분을 맺는 행운을 누렸다. 애초에는 들어본 적도 없는 이들까지 말이다. 현지 전문가들과 협업해 무대를 연출하면서 관광객으로서는 절대로 하지 못할 경험을 했다. 우린 미술가, 음악가, 현지 스포츠와 문화계 영웅 들과 작업하고 어울렸다. 국가 지도자, 국회의원, 고위인사 들을 만났고, 현지인들도 못 들어가는 장소에 초대받아 식사했다.

1970년경 뭉쳐서 겁도 없이 "우리가 세상을 바꿔 보자!" 하고 큰소리쳤는데, 정말로 퀸의 음악은 연령, 인종, 피부색, 신념의 모든 장벽을 넘었다. 나는 퀸의 노력이 자랑스럽다. 우리들이 그 여정에서 느꼈던 자부심과 환희가 이 책을 통해 전해지기를 소망한다. 이제껏 여러분은 바깥에서 퀸을 바라봤다. 이제 안에서 3D로 퀸을 즐기시기를.

2017년 1월 브라이언 메이

《퀸 인 3D》 사용법

이제 더 현실적인 문제를 살펴 보자. 여기 실린 입체 사진stereo photo을 제대로 보려면 이 책에 첨부된 고품질 입체경stereoscope인 '부엉이 안경'을 사용하면 된다. 사용법도 상세히 들어 있다. 부엉이 안경을 책에 나온 한 쌍의 입체 사진 위에 평편하게 놓고, 렌즈를 페이지에서 더 가깝거나 멀리 움직여 초점을 맞춘 후 눈의 긴장을 푼다. 그러면 이미지들이 입체적으로 선명하게 떠오른다! 사실상 퀸의 세상 속으로 들어가는 것이다. 그 경험을 즐기기 바라고, 취향에 맞다면 런던 스테레오스코픽 컴퍼니(LSC)가 세상을 3D로 즐기게 도와줄 것이다.

책을 휙휙 넘겨 봐도 좋다. 병렬식 육안 감상법parallel free viewing으로, 입체경 없이도 입체 사진을 볼 수 있다. 좋은 방법이다. 핵심은 저 멀리 무한대를 보는 것처럼 눈의 긴장을 푸는 것이다. 그러면 눈 앞에 이미지 두 개가 눈 앞에 떠다닐 것이다. 입체 사진 두 장이 흡사 네 장처럼 보인다. 그러면 안쪽 두 이미지를 일치시켜서 결합시켜야 한다. 중심 이미지를 '융합시키기' 위해서다. 이 시점에서 인내심을 발휘하면 이미지의 중심부가 마법처럼 입체적이 될 것이다. 연습이 필요하고 부엉이 안경의 '몰입'감을 따라갈 수는 없지만, 익숙해지면 아주 재미있을 것이다. 양쪽 시선을 교차시켜서 보는 방식도 있긴 한데, 여기 실린 이미지들에는 효과가 없다. 더 자세한 사항은 www.LondonStereo.com을 참조하시기를.

자, 1958년 여름에서 시작해 보자. 확실한 록큰롤의 해였다…….

원본 네거 필름을 이용해서 2016년에 편집한 사진

원본 카드들에 쓰여 있듯이 난 약관 12세에 스테레오 회사('시스루')를 세웠다. 하지만 50년 후에 뭐든지 스테레오로 만드는 진짜 회사를 설립(혹은 재설립)하게 될 줄이야. 이 책을 출간한 '런던 스테레오스코픽 컴퍼니(LSC)' 말이다.

첫 단계를 거치고 2년 후, 내 카메라는 아그파 아이솔라 II Agfa Isola II 로 격상되었다. 120 롤필름 카메라로, 더 큰 6×6 cm 밀착인화가 가능했다. 이 장비 덕에 내 스테레오 수준도 발전했다. 여전히 정식 스테레오 카메라는 아니었지만 (그런 카메라가 있다는 걸 어렴풋이는 알고 있었다) 연속 촬영이 잘 찍혔다.

초기 셀카! 1961년 1월 아그파 아이솔라 II 카메라로 (거울을 보며) 찍은 사진이다.

이즈음 '시스루' 등에 조금 싫증이 났지만, 입체 사진 자체에 대한 집착은 여전했다. 이 짜릿함과 비교하면 학교 공부는 시들했다. 계속 3D 사진을 찍었다. 사랑하는 어머니의 사진을 포함해서.

나의 어머니 루스. 아그파 아이솔라 II 카메라로 촬영했다.

학교에서 수업을 듣는 둥 마는 둥 하면서 3D 드로잉을 그렸다. 좌우로 살짝 떨어진 위치에서 보이는 한 쌍의 장면을 구성할 수 있으면 3D 그림이 만들어진다. 난 찰스 휘트스톤이 150년 전에 (그 역시 학교에서?) 이걸 만든 줄은 몰랐다. 나는 입체 보기의 요령을 완전히 터득해서, 드로잉을 해가면서 3D로 볼 수 있었다.

고등학교를 졸업하고 아직 대학에 입학하기 전의 방학 기간에, EMI에서 아르바이트를 하며(묘한 우연이다. 퀸의 장래에 지대한 영향을 미친 회사이니 말이다) 아래의 드로잉을 그렸다 . 내 업무는 '유도 무기 개발부'에서 컴퓨터 프로그램 작성! 기괴하다! 사악한 업무인가 싶다. 무기랑 관계된 것도 같고. 하지만 3D 판타지를 구성하는 일이었다. 보도가 있는데 블록 하나가 빠져서 땅 밑의 구멍을 내려다볼 수 있다. 또 하늘에 별무리가 있지만 무한대가 아니라 가까운 우주에 있다.

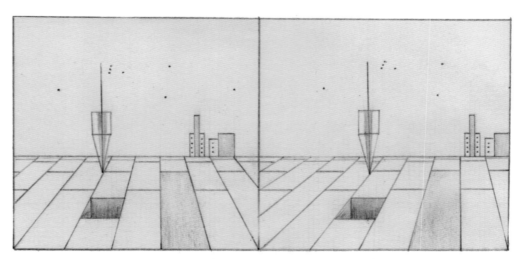

스테레오 판타지 풍경, 1964년

또 다른 작품. 대학에 들어갔지만 여전히 수업은 흘려 듣던 때다. 3D 드로잉도 여전히 그리고! 뒷면에 '1966년 물리학 실험 노트'라고 적혀 있으니. 아주 웃긴다. 물리학 실험은 무척 지루했고, 실험 파트너는 까탈스러워서 걸핏하면 날 비웃는 사람이었다. 그의 유머 감각이 이해되지 않았다.

이 드로잉의 제목은 '좌절'. 바닥에 블록들이 격자로 놓여 있고 일부는 공중에 떠 있다. 아래로 들어가면 딱 맞겠지만 와이어에 매달려서 빈자리로 들어가지 못한다. 그게 '좌절'이라는 거지.

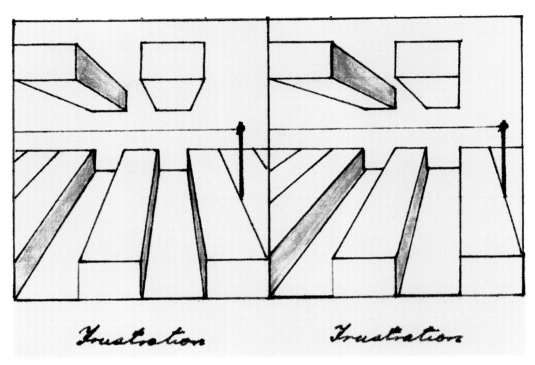

입체 드로잉, 1966년

첫 학위 과정은 런던의 임페리얼 대학에서 물리학 이학 학사였다. 3년간 주로 수업을 따라잡는데 힘을 쏟았다. 그러다가 천문학 박사 과정까지 계속 공부하기로 마음먹고서, 스스로에게 훨씬 정교한 카메라를 선물했다. 러시아제 제니스Zenith 단안리플렉스Single Lens Reflex였다. 내 형편에 닿는 최저가 SLR이었지만 고품질 f/2렌즈가 장착되어 충분한 빛을 모았다. 덕분에 테네리페Tenerife 섬의 산에서 박사 논문을 위해 관찰할 때 별과 황도광의 노출 시간을 활용할 수 있었다. 테네리페 섬의 화산 풍경을 연속 스테레오 촬영하기에도 좋은 카메라였다. 제니스 카메라는 내가 다음 인생 단계로 넘어갈 때까지 쓸모가 있었다.

아, 이런 얘기는 여기까지만 하자. 1970년대로 건너뛰겠다. 당시 4년간의 천문학 박사 과정을 마무리하면서 중고교에서 수학을 가르쳤다. 그러면서 또 한편에서, 곡을 쓰고 퀸이라는 밴드와 연습했다! 퀸의 모험이 막 시작되고 있었다. 대학교 세미 프로 밴드 '스마일Smile'에서 밴드 경험을 시작한 로저와 나는 프레디 불사라와 어울렸다. 전도 유망한 젊은 가수 프레디는 거칠고 위험한 목소리를 가졌고, 우리와 똑같은 꿈을 가진 듯했다. 우린 차세대 비틀스Beatles나 레드 제플린Led Zeppelin이 되고 싶었고, 그럴 자격이 충분하다고 증명하고 싶어 안달했다. 지도교수가 박사 논문 제출을 허락할지 염려하기 시작한 무렵, 마침내 우리와 어울릴 법한 베이스 기타리스트를 만났다. 우리보다 약간 어렸지만, 이미 첼시 과학기술 대학의 전기공학과 최우수 졸업장을 받은 걸 보면 똑똑한 친구였다. 우린 아직 몰랐지만 태동하는 록 밴드로 완전체가 되었다. 정족수가 채워졌다. 첫발을 뗄 준비가 끝났다.

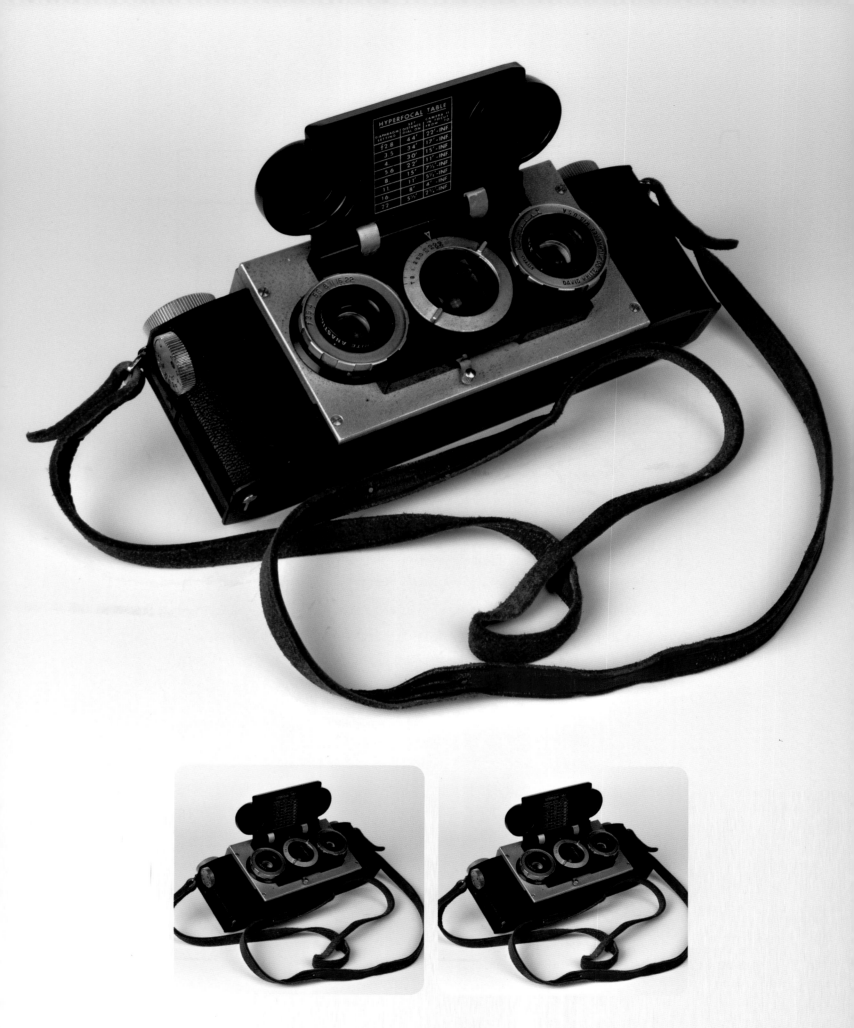

3D 카메라 없이
3D 사진 찍는 법!

스테레오 영상에 대한 관심은 어릴 때 매료된 후 지금까지 여전하다. 특히 1950년대 스테레오 카메라를 구할 수 있다는 사실을 알자 점점 더 강렬해졌다. 그리고 드디어 카메라를 살 만한 돈을 벌었다! 1974년 퀸의 첫 미국 투어 때 처음으로 35mm 필름 스테레오 카메라를 샀다. 코닥의 스테레오 리얼리스트*Stereo Realist*. 그 시절 미국에서는 잘만 찾으면 3D 카메라가 넘쳐났기 때문에, 이후 투어를 도는 도시마다 중고 카메라 상점을 찾아다녔다. 그때부터 늘 작업용 스테레오 카메라를 휴대했다. 뉴욕, 시카고, 독일, 네덜란드 등지에서 다양한 제조사의 카메라들을 더 발견했다. 더불어 1850년대의 고전적 스테레오 사진들도 열심히 찾아내서 모았다. 거래상, 경매, 사진 박람회 등에서 수집했고, 나중에 LSC에서 마술, 마을 풍경, 오래 전 사라진 빅토리아 시대의 카드 세트 등을 다룬 도서로 출간했다.

멋진 35mm 3D 카메라, 스테레오 리얼리스트! 세톤 로크와이트*Seton Rochwite*의 디자인으로, 내가 태어난 1947년 출시되었다. 이 기품 넘치는 장비 덕분에 누구나 3D 사진을 접할 수 있었다. 루실 볼, 존 웨인, 프레드 아스테어, 도리스 데이, 비비안 리 등 수많은 헐리웃 배우들의 애장품이었고, 내가 투어에 가장 자주 챙겨간 카메라였다. 얼마나 사용감이 많은지 한눈에 보일 것이다!

스테레오 리얼리스트 카메라를 든 나, 1978년 11월. 전신사진은 97쪽에 있다.

방법 1 _ '정식' 스테레오 카메라 사용하기

나는 수집한 카메라들을 전부 다양한 경우에 실제로 사용했다. 특정한 상황에 어떤 카메라 모델이 가장 효과적일지 열심히 알아냈고, 각각의 특성을 익히는 게 즐거웠다. 1950년대의 모든 것들에 큰 애정을 품고 있는데, 아마도 디자인의 조화와 아름다움을 무척 의식한 시대였기 때문이리라. 자동차, 건물, 조명기구, 카메라, 거의 전 부문에서 말이다. 이 미학은 1960년대 건축물에서부터 자취를 감추었고 다시는 되살아나지 않았다는 생각이 든다. 우리 (2차 대전 종전 직후 태어난) 베이비부머 세대에게 1950년대는 따뜻하고 안전한 유년기를 환기시킨다. 영화「백 투 더 퓨처」가 이런 감성을 완벽하게 표현한다. 영화, 음악, 작은 식당, '팝' 레코드, 주크박스, 스타일…… 게다가 못된 '베이비'(록큰롤!)의 첫 울음을 경험할 수 있었으니 운이 좋았다. 그게 우리 목소리, 우리 시대였다.

물론 내가 투어 때 (혹은 가끔 녹음실에서) 사용했던 1950년대 스테레오 카메라들은 이미 오래 전 생산이 중단된 상태였다. 하지만 여전히 미사용 제품이나 새 것과 다름없는 중고 카메라 들을 구할 수 있었다. 아르데코 디자인의 아름다움 외에도, 노출과 포커스를 적절히 맞추면 3D 장면을 멋지게 포착했다. 이 기기들에 자동 장치는 없었다! 노출계나 오토포커스 장치 없이 조리개, 셔터 속도, 포커스를 수동으로 조절해서 찰칵! 그리고 필름을 감아서 다음 프레임으로 넘어갔다. 예를 들어 125쪽 '셀카'들은 낮은 실내조명 때문에 '예상한' 타임 노출로 촬영했다. 스테레오 리얼리스트는 'B 세팅'(50년 전 고무 공 원격 셔터 릴리스를 말한다)이 장착되어, 릴리스 버튼에 손을 댄 동안은 셔터가 열린 상태를 유지했다. 난 일찍부터 셀카 광이었던 듯!

그 시절에는 사진이 '인스턴트'가 아니었다. 얼마 후 랜드 폴라로이드 카메라Land Polaroid Camera가 발명되었고 프레디의 사랑을 받았다(105쪽 참조). 5분이면 결과물을 보았으니 인스턴트인 셈이다. 하지만 1970년대 초만 해도 사진을 찍고 제대로 찍혔는지 기대하며 기다려야 했다. 1주일 이상 지나야 사진을 볼 수 있었으니까.

스테레오 리얼리스트에 대한 독일식 버전은 바로 '일로카 래피드'! 디자인이 우수하다. 투어와 평상시 내가 애지중지한 카메라.

사진을 찍자마자 결과물을 보는 오늘날의 디지털 시대와는 상황이 전혀 달랐다. 요즘은 사진을 당장 보고 즉시 잊는다! 메모리 카드나 노트북 컴퓨터 어딘가에 담아 두고 열어보지 않는다. 1970년대에는 35mm 폭의 컬러 필름이 담긴 카세트 같은 게 있었다. 이것을 카메라 뒷문을 열고 넣은 후, 빛이 들어가 필름이 뿌옇게 되지 않도록 단단히 닫았다. 영화 제작용으로 대량 생산되는 필름과 같은 종류에 분량만 훨씬 적다. 35mm 필름 통에 24회나 36회 노출할 분량이 감겨 있고, 필름을 전부 찍은 후에야 꺼내서 인화하러 보냈다. 그래서 중요한 사진을 찍을 때면 셔터를 충분히 여러 번 눌러서 제대로 찍혔기를 기도했다. 필름이 제대로 감기지 않았거나 필름을 분실하면 망하는 거다! 촬영 당시의 순간이 영원히 사라졌다. 그러니 긴장할 수밖에. 입체 사진은 사진을 두 장씩 유리나 마분지에 넣는 어려움까지 더해졌다. 그래야 리얼리스트 뷰어를 통해 3D로 볼 수 있으니까.

코닥이 마분지 작업 서비스를 제공했지만 직접 하는 게 더 나은 경우가 많았다. 그래서 난 계속 마분지에 사진을 넣어 카드를 만들고, 작업도구를 늘리는 데 몰두했다. 이미 쇠퇴한 부문이었지만, 리얼리스트 3D의 마법을 만끽할 수 있었다. 빼어난 솜씨로 작업하면 화질이 최상이었다.

싸게 득템! 사진 박람회에서 '택시포토Taxiphote' 자동 전환 뷰어를 구입하고 기뻐하는 나.
3D 스테레오 글라스 슬라이드를 넣는 장비로 초창기에, 그러니까 자그마치 1909년에 제작되었다.

지금, 이 보물들을 21세기 디지털 파일로 변환하면서, 얼마나 멋진 장비들이었는지 새삼 깨닫는다. 위는 1980년대에도 리얼리스트 카메라 스타일이 여전히 굳건했음을 보여주는 증거다. 1981년 상파울루에서 일로카 래피드Iloca Rapid를 사용하는 모습이다. 퀸의 투어 포토그래퍼인 닐 프레스톤Neal Preston이 모노로 촬영했다.

요즘은 컬러 필름을 구하기가 무척 어렵다. 아날로그 사진 시대는 거의 완전히 사라진 것 같다. 이러다가 어느 날 갑자기 다시 돌아올 수도 있겠지. 요즘 아날로그 사운드(멋진 레코드판!)의 인기가 되살아나는 것처럼. 하지만 우선은 지난 시절에 찍은 3D 이미지를 디지털화한 사진을 선보일 수 있다. 디지털 영역은 이미지의 세척과 복구, 무수한 보강과 후반 작업의 기회를 준다. 또 텔레비전과 인터넷을 통해 전 세계에서 이미지들을 즉시 소통할 기회도 제공한다.

이 끝내주는 일로카 래피드를 남미 투어에 가져갔다. 스테레오 리얼리스트처럼 35mm 필름형이다. 1981년 모룸비 스타디움에서 닐 프레스톤이 찍어준 사진.

방법 2 _ 록킹 기법

앞에서 모노 카메라로 (그러니까, 울워스 카메라로) 괜찮은 입체 사진을 만든 이야기를 했다. 첫 일본 투어에서 멤버 모두 거기서 구할 수 있는 신기술 제품을 사느라 거액을 썼다. 영국보다 앞선 물건이 많았다. 나는 제니스를 펜탁스 ES II (전자동 SLR)로 바꿨고, 연속 스테레오 촬영으로 높은 수준의 사진을 얻었다. 모노 카메라로 스테레오 사진을 찍으려면 '록킹 기법Rocking Technique[흔드는 기법]'을 쓰면 된다. 다리를 조금 벌리고 피사체와 마주 선 후, 왼쪽 발에 기대서 첫 촬영을, 오른 발에 기대서 두 번째 촬영을 하는 것이다. 그러면 몇 센티미터 떨어진 두 지점 사이에 '정렬선'이 생겨 충분히 입체 사진 두 장이 만들어진다. 사진들을 나란히 놓고 이 책의 '부엉이 안경' 같은 적당한 스테레오 뷰어로 보면 끝!

휘황찬란하게 빛나는 나의 펜탁스! 나는 이 카메라로 자주 록킹 기법 스테레오 촬영을 했다.
다들 새 장난감을 사들인 도쿄에서 존 디콘이 스테레오 리얼리스트로 찍어 주었던 듯하다.

방법 3 _ 빔 스플리터 장착하기

펜탁스같은 (요즘은 스마트폰!) 모노 SLR 카메라로 스테레오 촬영을 하는 방법도 있다. SLR 롤필름 카메라는 렌즈 교환식이라는 점 외에 큰 장점이 더 있다. 렌즈로 보이는 것을 뷰파인딩할 수 있다는 점이다. 사진이 찍히는 순간을 교묘하게 낚아채는 거울을 통해서 말이다. 요즘은 카메라의 '렌즈로 보는' 것을 당연시하지만 당시에는 드문 일이었다. 부착할 수 있는 장치는 스테레오 컨버터였다. 즉, 카메라 렌즈 앞쪽에 끼우는 빔 스플리터beam splitter[렌즈로 입사하는 빛의 일부를 반사하는 분광기]로, 렌즈가 동시에 약간 다른 지점에서 두 장의 사진을 찍을 수 있게 했다. 기본적으로 두 개의 거울 잠망경 렌즈가 등지고 있다.

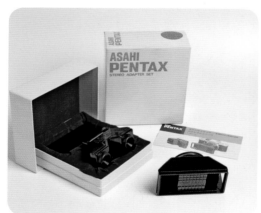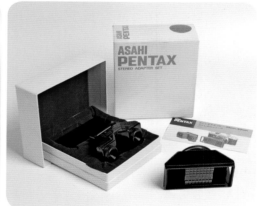

당시 내가 사용했던 빔 스플리터

빔 스플리터는 아주 효과적으로 내 SLR을 스테레오 카메라로 바꾸었다. 다음 장의 사진이, 펜탁스 전면에 빔 스플리터를 끼운 모습이다.

빔 스플리터 스테레오 사진 촬영으로 자동초점과 자동노출이 가능해지는 큰 장점이 생겼지만, 문제점도 발견되었다. 빛과 피사체의 상태가 적절하면 기능을 발휘하지만, 원치 않는 좌우 이미지가 많이 끼어들었다. 그러니…… 타협하는 수밖에!

카메라 앞에 장착한 빔 스플리터가 보일 것이다.

기본적으로 스플리터는 조리개 f/4에서 적절히 작동한다. 렌즈가 f/4보다 넓게 열리면 경계선이 적절히 구분되지 않아서 두 이미지가 겹친다. 초점이 맞지 않는 거다. 그렇다고 f/6처럼 수치를 높여서 '조리개를 조이면' 겹침은 없지만 중간에 검은 선이 생기면서 멀리 분산되어 이미지 일부를 잃는다. 어느 쪽이든 사진의 가장자리 이미지를 잃는다. 하지만 스플리터 덕분에 멋진 순간들을 많이 포착할 수 있었으니 고맙다. 특히 조도가 낮아 스테레오 리얼리스트로는 촬영하기 어려운 백스테이지에서 유용했다.

스테레오 사진 촬영법들을 몇 가지 소개했으니 이제 내 본업으로 돌아가야겠다. 본업이라……맞다, 음악!

과학과 예술 사이! 테네리페 섬의 '테이데 천문대' 앞의 애송이. 박사 논문 때문에 관찰하러 갔지만, 해가 운해 속으로
내려앉을 때 기타를 퉁기면서 여가를 보냈다. 이때 〈타이 유어 마더 다운〉의 리프가 세상에 나왔다.

1973

우리의 첫 앨범 《퀸》

트라이던트 오디오 프로덕션Trident Audio Productions과 음반 계약을 맺은 후, 우리는 가방을 싸서 밴을 타고 떠났다. 두어 주 동안 시내를 벗어나 외진 곳의 펍에 기거하며 연습할 공간을 마련했다. 거기 가면 방해 받지 않고 첫 앨범 수록곡을 쓰고 연습할 수 있으리라 기대했다. 그러면 스튜디오로 직행해 음반을 녹음할 준비가 될 터였다.

첫 매니저는 트라이던트 스튜디오의 주인들이었다. 녹음실은 런던 소호의 워도어 스트리트 근처 '세인트 앤스 코트'에 있었다. 당연히 매니저들은 우리가 거기서 녹음하기를 바랐다. 그런데 녹음 스케줄이 이상했다. 돈을 지불하고 사용하는 고객이 없어 녹음실이 비는 시간뿐이었으니. 그래서 첫 앨범 수록곡들은 주로 한밤중에 짬짬이 녹음되었다.

첫 앨범 《퀸》을 제작할 때 촬영한 드문 사진. 런던 소호의 '세인트 앤스 코트'에 있는 '트라이던트 스튜디오'의 작은 믹싱룸에 앉아 있는 프레디와 존. 존이 내 밀로웨이 어쿠스틱 기타를 연주하고 있다. 첫 앨범 수록곡 〈더 나이트 컴스 다운The Night Comes Down〉과 몇 년 후 〈젤러시Jealousy〉에서 내가 윙윙 소리를 낸 기타다. 프레디 뒤에 있는 것이 '스튜더' 멀티트랙 아날로그 테이프 레코더. 요즘은 보기 힘든 기기.

첫 앨범 《퀸》 녹음 직전 리허설 중인 로저. 아무도, 심지어 로저도 이 펍이 어디였는지 기억하지 못한다.

'비수기' 분위기가 감도는 이 묘한 곳에서 리허설 할 때, 로저가 한 팬에게 소형 드럼 세트를 선물 받았다. 드럼과 같은 비율로 축소한 로저 인형도 있었다. 군용 드럼 스킨에 올리니 꽤 그럴 듯했고, 램프를 켜니 조명도 근사했다. 그래서 (제니스 카메라를 사용해서) 연속 3D로 촬영했다.

'드럼 치는 꼬마 로저' 인형의 3D 사진 원본을 '부엉이 안경'에 맞게 변환했다.
45년이 지나서 여기서 처음 출판되는 퀸 스테레오 사진.

첫 앨범 《퀸》의 재킷 디자인은 우리가 다 직접 했다. 프레디의 아파트에 재킷의 네 배 크기의 두꺼운 보드 두 개를 설치하고, 나와 프레디가 다양한 사진을 붙였다. 내가 부추겨 앞면은 '더그 퍼디풋Doug Puddifoot' 라이브 공연에서 스포트라이트를 받는 프레디를 몽타주 했다. 스포트라이트 자체를 확대해 하늘의 혜성처럼 보이게 했다. 프레디가 밴드 '리더'를 자처해서 그런 게 아니라, 내가 밴드의 대표 이미지로 프레디를 전면에 내세워야 한다고 직감했기 때문이다. 스포트라이트를 받는 프레디의 이미지보다 퀸을 보여주기에 더 알맞은 아이콘이 있겠는가? 로저와 존도 수긍했다. 이렇게 커버 앞면은 금방 완성되었다.

뒷면은 시간과 노력을 더 들인 후에야 완성되었다. 콜라주한 사진들은 연관성이 있는 듯 없는 듯 하다가 점점 어우러졌다. 화려한 드레스 파티를 벌이는 우리, 퀸 엠블럼…… 우리가 좋아하는 것들의 사진을 왕창 넣었다.

커버 뒷면 정중앙의 (프레디가 만든 특별한 폰트의) 'Queen' 글자에 미니어처 로저의 3D 사진을 겹쳤다. 그때 난 이미 '퀸의 여정에 3D가 함께할 것'이라고 주장하고 싶었나 보다. 꽤 긴 세월이 흐른 지금도 입체 효과가 난다는 말을 하고 넘어가야겠다. 뷰어 없이 봐도 제법 멋지다. 색상이 마음에 든다. 나와 프레디가 작은 사진들을 공작용 칼과 가위로 오려서 보드에 붙였다. 왜 거기에 드럼 치는 꼬마 로저를 넣는지 둘이 얘기했겠지만 어떤 대화가 오갔는지는 기억나지 않는다. 하지만 퀸도 3D도 그걸로 끝이었다. 완성한 보드들이 사진 촬영 후 재킷 사이즈로 축소되었다. 앨범은 단일 규격이었다(33rpm 레코드가 담기는 12인치 사각형). 그 시절에는 CD도 없었다.

첫 앨범 《퀸》의 재킷 앞뒷면

그때 작업했던 디자인 원본들이 남아 있으면 좋으련만. 누군가 어디서 보관했던 것은 확실하다. 몇 년 전까지 EMI 창고에 있었는데 감쪽같이 다 사라져 버렸다. 디지털 시대 전이어서 재킷 디자인을 종이로 했기에 원본이 없어진 것이다. 하지만 다행히 편집자 펠러린 씨가 자료를 모으느라 내 집 서랍을 샅샅이 뒤지다가 '드럼 치는 꼬마 로저'의 컬러 네거 필름들을 발견했다. 그 덕분에 왼쪽 페이지에서 지금껏 보지 못한 선명한 3D 사진을 여러분에게 소개한다.

브라이언

1960년대 TV 프로그램 「매직 라운드어바웃The Magic Roundabout」에 등장하는 브라이언이다. 이 이미지를 여기 싣는 이유는 앞의 사진을 찍은 필름 롤에 들어 있어서라고 변명하겠다. 하지만 이게 시리얼 상자에서 나온 플라스틱 장난감이었고 내가 직접 색칠했던 기억이 되살아난다. 브라이언은 얼스 코트에 있는 원룸 아파트의 선반에 앉아 있었다. 당시 거기서 크리시와 같이 살았고 나중에 우린 결혼했다. 우리 전에 로저가 쓰던 아파트였는데 벽과 천장이 진청색이었다. 로저가 직접 페인트칠을 했고! 싱글베드 네 개가 들어갈 정도의 면적이었고 한 구짜리 가스레인지가 있었다. 호사스러운 식사라야 피시 핑거[손가락 모양의 생선 튀김]가 전부였던 곳. 하지만 아무 부족함이 없었다. 우린 멋진 록 스타 아닌가?

2016년판 매직 라운드어바웃 가족

아무 것도 버리지 않는 남자이니만큼 직접 색칠한 캐릭터 세트도 가지고 있다. 다들 「매직 라운드어바웃」을 사랑했다. 누구나 히피였던 시절이었다. 어쩌면 나는 지금도 여전히 그렇다……

역시나 같은 필름 롤에서 나온 로저와 나의 사진.
《퀸》을 믹싱할 때 트라이던트 스튜디오에서 촬영.

1975

퀸, 미국에서 다시 태어나

이제 퀸은 투어 생활로 돌입했다. 모트 더 후플Mott The Hoople의 공연에 오프닝 밴드로서 영국 투어를 성공적으로 마쳐서, 그들의 미국 투어까지 합류했다. 투어는 더없이 성공적이었지만, 매사추세츠 주 보스턴에 도착했을 때 내가 간염으로 쓰러지는 바람에 중단되었다. 퀸은 서둘러 영국으로 돌아왔다가, 간단히 정리하자면 《쉬어 하트 어택Sheer Heart Attack》 앨범을 들고 다시 미국으로 갔다. 이번에는 퀸이 주인공인 퀸의 투어였다. 우린 얼마 전까지도 원룸 아파트에 살면서 세상을 거머쥘 머나먼 꿈을 꾸는 대학생이었다. 그런데 이제 뉴욕 차트 수위에 오르는 영국 청년들이었다. 리무진을 타고 다니는 게 여전히 신나는 변화였다. 사실 당시 투어하는 록 그룹은 캐딜락 플리트우드 리무진을 타고 공항을 오가는 것이 (별로 큰돈도 안 드는) 기본이었는데도.

캐딜락 리무진에 탄 프레디

이때까지만 해도 우리 모두가 다 같이 한 차에 탔다! 우리 외에 이렇다 할 일행도 없었다. 일단 투어 모드에 들어가면 아내, 애인, 친구 들을 동행하지 않았다. 아예 친구들을 태우지 않았다는 뜻은 아니고! 하지만 일하는 모드가 되면 이런 식으로 이동했고, 그것만 해도 우리 기준으로는 상당한 호사였다. 우리가 부유한 유명인들로 '보인' 것만은 확실하다.

1975년 2월 뉴욕. 음료까지 구비된 눈에 띄는 흰 리무진에서.

아래 셀카는 뭐냐고? 뉴욕의 유명한 플라자 호텔Plaza Hotel에서 복도가 "스테레오 사진 좀 찍어 달라"고 목 놓아 외쳤다고 해 두자. Z평면Z-Plane 혹은 심도 평면depth dimension에 흔한 이 구도는 전형적인 3D 배경으로, 1850년대에 스테레오스코피가 탄생한 후 계속 존재했다. 평면 사진에는 르네상스 시대 화가들이 처음 알아낸 원근법에 따른 선들이 있지만, 거기 서 있는 기분이 어떨지에 대한 힌트는 별로 없다. 반면에 스테레오 사진의 벽과 바닥들은, 확실히 원근법 그 이상이다. 나는 자동 셔터 기능을 켠 펜탁스 카메라를 바닥에 내려놓고 달려가 3D 공간 가운데서 포즈를 취했다. 왜냐고? 어릴 때 위타빅스를 먹으면서 반한 3D 이미지화에 계속 빠져 있었으니까.

1975년 뉴욕 플라자 호텔. 복도가 "스테레오 사진 좀 찍어 달라"고 외치는 듯해서 찰칵.

다음은 보스턴의 라디오 방송국(아마 WBCN)을 방문한 프레디와 존의 모습이다. 우린 극도로 체계적으로 움직이며, 콘서트 투어에서 최대 효과를 얻어내는 데 집중했다. 이런 방식이다. 아침에 일찍 일어나 도시들(시카고, 디트로이트, 클리블랜드, 보스턴 등 내가 평생 가 볼 줄 상상도 못한 곳들)를 돌아보며 감탄했다. 그 후 객실로 돌아와 짐을 챙겨 가방을 싸서 리무진에 타고 공항으로 가 비행기에 올랐다.

그 시절에는 아무도 테러를 걱정하지 않았다. 그러니까, 서구 열강들은 아직 아무에게도 괴롭힘 전략을 구사한다고 추궁받지 않았다. (아니면, 그러고도 잘 넘어간 걸까?) 그래서 공격 받을 걱정 따위 없었다. 국내선 비행기 탑승은 버스를 타는 것과 비슷했다. 여권이 불필요했고 '보안' 검색이 없었다. 그저 짐이 제대로 비행기에 실렸기를 바라면서 비행기로 들어가면 됐다. 상상해 보시라!

1975년 보스턴의 라디오 방송국을 방문한 프레디와 존

보통은 눈 속에(퀸의 투어에는 늘 눈이 따라다니는 것 같았다) 비행기에 올라타 한 시간 후 다음 도시에 착륙했다. 앞 도시에서 탔던 리무진과 똑같은 리무진에 우르르 몰려 타서 음료수를 축내면서 라디오를 틀었다. 지역 대표 록 방송에서 우리 노래가 나오는지 확인하고, 그 라디오 방송국으로 향해 디스크자키와 방송 팀을 직접 만났다. 그 시절 미국 록 라디오는 완전히 지역 중심이었고, 연출자의 지휘 하에 제법 독자적으로 프로그램을 진행했다. 디제이들이 곡을 선정할 수 있었던 것. 이런 방송국들이 록큰롤의 생명수였다. 방에서 라디오를 듣는 어린 청취자들에게 직접 말하고 어느 밴드가 신곡을 출시했는지, 누가 지역에 와서 콘서트를 하는지 알려주었다. 우린 라디오 방송국에 (때로는 두세 곳까지) 방문해 악수하고 사진 찍고, 디제이와 앉아 생방송을 했고 때로 청취자와 전화 연결을 했다. 즉각적이고 짜릿했고 모든 출연을 최대한 활용했다. 어린 청취자들은 우리가 그 지역을 방문한 데 열광했고, 우린 팬들에게 기를 받았다. 이후 온 동네에 열기가 퍼져서 팬들이 우리 공연을 보러 오는 힘이 되었다. 라디오 방송국도 우리의 출연으로 이익을 얻었다. 그들은 청취자를 좋아하는 가수와 연결하는 창구로서 입지를 다졌다. 방송이 콘서트를 홍보해 주니까 우리도 좋았다.

요즘은 사정이 좀 다르다. 라디오 프로그램은 전국의 방송사들이 합의한 곡목 리스트에 실린 곡을 튼다. 임원진들이 광고 수익에 기초해 고른 음반들이다. 어쩌면 냉소적인 관점이고 예외도 있겠지만, 확실히 예전의 라디오 관계자들이 더 자유롭고 창의적이고 자연스러웠다고 할까. 이제 그런 방송은 불가능하다.

공연은 대개 라디오 출연 당일에 열렸다. 그러니 라디오 인터뷰가 끝나면, 음향 점검을 위해 콘서트(공연) 장소로 직행했다. 퀸의 역사 내내 '항상' 음향 점검을 했고, 몇 차례 예외를 제외하면 오늘날도 마찬가지다. 음향 점검에 신경 쓰는 게 밴드의 진정성과 프로정신을 결정한다고 믿고 싶다. 하룻밤 두 시간 동안 거의 딱 한 번 그 도시의 청중과 만난다. 자기 악기 소리를 들으려고 모니터를 조절하면서 공연 시간의 절반을 잡아먹고 싶은 연주자가 있을까? 음향 점검 때 소리를 확인하고 몇 곡 리허설하면서 무대 사운드 모니터(폴드백foldback)와 아웃프런프 사운드(확성장치PA system)를 조절한다. 특정한 무대 환경에 적응하려 한다. 그래야 그날 밤 무대에 올라 청중 앞에 서면 첫 소절부터 달릴(잠재력을 최대한 끌어낼) 수가 있다.

음향 점검이 끝나면 식사 시간이다. 보통은 공연장에서 먹지만 짬이 나면 호텔에 가서 체크인하고 식사를 했다. 나중에 의상을 입고 준비해 쇼를 공연했다. 두 시간 동안 모든 걸 퍼붓고 나면, 여전히 아드레날린이 빠르게 솟아서 잠자리에 들지 못했다. 그러면 차에 올라, 우리를 영웅시 하지 않는 곳(클럽이나 바)에 가서 몇 시간 느긋하게 보냈다. 무대에서 느낀 유대감의 '물결'을 현실 세계에서 구하려 해도 번번이 실패했다. 그러니 제플린 멤버들의 표현대로 '날개가 부러진 천사' 같은, 완벽한 동반자와의 소통을 끝없이 모색하지만 찾지 못한다. 그래도 잠시나마 그런 유대감을 맛보는 때도 가끔 있었다.

마침내 대부분 혼자, 때론 누군가와 침대에 누우면 집과 단절된 우주에 있는 기분이었다. 휴대폰도 문자메시지도 스카이프도 없던 시절이라 연락 수단이 없었다. 매일 통화는 할 수 있었지만 호텔 객실의 전화비가 비쌌다. 하긴 공연이 끝날 즈음이면 시차 때문에 영국의 가족은 자는 시간이라 집에 전화할 수가 없었다. 매일 밤 혼자 보내면서 고민했다. 인생이 뭘까. 무대에서 관심을 받는데도 왜 하루 중 가장 짙은 감정이 고독일까.

아침에 일어나면 (아이쿠!) 모든 과정이 다시 시작되었다. 1975년 퀸을 에워싼 투어 '버블'은 오늘날과 전혀 달랐다. 청중은 어떤 공연이 펼쳐질지 전혀 몰랐다. 퀸의 이전 공연을 유튜브로 보지 못했으니까. 관중석의 어린 팬들에게 공연은 짜릿하면서 오리무중이었고, 우리도 마찬가지였다. 그 경험을 함께하는 시간이었다. 멋진 관중에 취해서 "클리블랜드의 여러분이 최고! 어젯밤의 디트로이트보다 천만 배 나아요!"라고 외쳐도 무방했다. 디트로이트의 팬이 그 얘기를 들을 확률은 없었으니까. 지역들이 따로따로였다. 요즘은 클리블랜드 팬이 디트로이트 팬보다 낫다고 말하면, 디트로이트는 물론이고 온 세계가 알게 된다. 그때나 지금이나 같은 것은 밴드 동료들, 크루와 공유하는 경험 하나뿐이다. 그들은 여행하는 가족이다.

아래 사진은 로저. 음향 점검을 끝내고 공연을 기다리는 자투리 시간 같은데, 단언할 수는 없다. 하지만 시애틀인 것은 확실하다, 슬라이드에 내가 그렇게 적었으니까. 로저의 재킷은 공연 프로모터가 투어용으로 제공한 것이다.

1975년 시애틀에서 볕을 쬐는 로저

여기 1975년 오하이오 주 콜럼버스에서 겨울 외투와 편안한 모자 차림의 내가 있다. 평범한 양가죽이 아니라 털 달린 캔버스 코트를 골랐다. 그 시절에도 난 동물 가죽을 입는 걸 꺼렸다. 그런 의식이 신발에는 발휘되지 않았지만. 모자는? 투어에 나서면 어쩐지 집에서라면 못 입을 옷과 물건을 착용할 용기가 난다. '이미지'는 록 스타의 유니폼 같은 것이다. 그것 때문에 행복해지고 위로를 받는다. 이건 내가 정말 좋아하던 모자다. 나중에 어떻게 됐는지는 불확실하다. 아마 도중에 여자 팬에게 주었겠지. 공항에서 폭설로 연착하는 비행기를 기다리며 어슬렁대다가 찍은 사진일 것이다. 뒤에 같은 선반에 기대 선 로저가 보인다. 3D로 보면 분위기가 아주 강렬하다. 나한테 패스트푸드 냄새가 날 것만 같다.

오하이오 주 콜럼버스, 1975년 2월

리티시 오르페우스처럼

보스턴 '오르페움'에서, 1975년 2월

우리가 연습생 아닌 성공한 록 스타로 첫 발을 디딘 곳으로 매사추세츠 주 보스턴을 꼽겠다. 뉴잉글랜드 사람들은 곧 우리를 받아들였고, 대단한 홍보팀이 거기 있었다. 음반사 '엘렉트라 레코드Elektra Records'의 홍보팀장 릭 알리버트Rick Aliberte와 난 지금도 연락하는 사이다. 현지 담당자인 커트 널링거Kurt Nerlinger는 지역 라디오 방송사들을 전부 돌면서 퀸 음반을 내보내서 청취자들을 열광시키느라 분주했다. 그 시절에는 모두(아티스트, 음반사, 홍보담당자, 지방 라디오 방송국 디제이, 그곳의 음악 프로그래머까지)가 완전히 연결된 공동체였고, 확실히 모험심과 탐구 정신이 있었다.

아메리카 엘렉트라 팀이 내건 슬로건이 기억난다. "왕실 전통 속의 브리티시 록!" 우린 웃어댔지만 사실 적절한 포인트였다. '우리'는 늘 미국 아티스트들이 더 쿨하다는 선입견을 가졌다. 그들이 록큰롤의 첫 물결과 직접 연결되고, 록큰롤은 블랙 블루스의 뿌리와 직접 연결되니까. 하지만 오히려 미국 젊은이들, 특히 대도시에서 떨어져서 성장한 이들은 브리티시 록 스타들에게 타고난 쿨한 분위기가 있다고 느꼈다. 그들은 우스운 억양과 이상한 의상, 강렬한 음악을 선보이는 퀸에게 환상을 가졌다. 사실 약간 다른 종족이라는 점, 신비로운 '왕실' 분위기, 조금 비밀스럽고 양성적인 느낌을 좋아했다. 조명과 의상까지 더해져서 우리가 꽤 진보적 록 밴드로 보였을 게 분명했다. 찬찬히 보면 돈이 궁해서 전부 쥐꼬리만한 예산으로 한 일이라는 게 드러났겠지만! 하지만 아이디어는 늘 거창했다. 우린 어떤 밴드보다 조명등, 의상, 사운드, 생산 가치에 많이 신경 썼다. 예외가 있다면 보스턴 출신의 지역 밴드 에어로스미스Aerosmith를 꼽을 수 있을까. 그들은 많은 부분에서 우리와 평행선을 달렸고, 근거지는 달라도 비슷한 코스로 투어 여행을 했다. 당시 퀸을 제외하면 에어로스미스가 조명 장치를 움직이고 쇼의 일부로 삼는 방법을 터득한 유일한 밴드였을 것이다. 두 밴드 멤버들은 가끔 마주쳤고 우스운 사연들도 있다. 그건 다음 기회에!

그래서 이런 모든 점들과 '퀸'이라는 독특한 밴드 이름, 우리가 의도한 모든 점들이 퀸을 눈에 딱 띄고 독특하게 만들었다.

여러 해 동안 매년 몇 개월씩 미국 투어를 돌며 셀 수 없이 많은 공연을 하면서, 난 스테레오 사진을 비롯한 몇 가지에 여전히 열정을 쏟았다. 쉬는 날은 최고층 빌딩 꼭대기에서 보이는 풍경을 샘플링해서 코스를 정한 후 스테레오 카드를 파는 사진 거래상을 찾아갔다. 내게는 기막힌 시간이었다. 매일 새 친구들을 사귀고, 마법 같은 스테레오 아이템을 찾는 것은 선물이었다.

"저 사람이 브라이언 메이야, 퀸의 멤버.
점점 굉장해지고 있어."

가끔 전당포든 어디든, 기타든 뭐든 찾아 나섰다. 한 기타 공장에 도착했을 때였다(로드 아일랜드 주 프로비던스 근처로 보스턴에서 멀지 않았다). 리무진을 타고 갔으니 시골 사람들 눈에 무척 화려해 보였겠지. 두 소년이 서서 차에서 내리는 나를 봤고, 한 명이 친구를 쿡 찌르면서 아주 심각하게 말했다. "저 사람이 브라이언 메이야, 퀸의 멤버. 점점 굉장해지고 있어."

1975년 미국 투어에서 잔드라 로데스의 '날개'를 입은 나

잔드라 로데스Zandra Rhodes의 '날개옷'으로 화려하게 꾸민 나. 사진에서 내 뒤쪽 입체적인 공간에 디키(존)가 있고 드럼도 보인다. 나는 저 의상 속에 뭔가 입고 있었다. 왜냐고? 그 시절 난 몸을 따뜻하게 해야 했다. 요즘은 무대에 서면 늘 더워서 저렇게 입고 있기가 어렵다. 현재도 최고인 독창적인 디자이너 잔드라와의 협업으로 퀸은 큰 결실을 얻었다. 지금도 잔드라의 의상을 갖고 있다. 사실 이 옷을 도난당해서 대체 의상을 마련했으니 비슷한 의상이라고 해야 맞다.

그리고 저 기타, 내가 연주하고 있는 '레드 스페셜'이 보이는지? 열여덟 살부터 2년여의 시간을 쏟아 부모님 집의 남는 침실에서 틈틈이 아버지와 함께 만든 것이다. 146쪽에서 조금 선보여 놓았다.

아주 초창기에 존 티번Jon Tiven과 나눴던 대화를 기억한다. 매우 진지한 음악 저널리스트였다. 존은 우리와 만나기 직전에 레드 제플린 친구들과 어울렸고, 그 점 때문에 그가, 흠, 말하자면 쿨해 보였다! 그는 그들이 뭘 즐겨 마시는지 알려줬고, 그래서 한동안 크림을 얹은 칼루아가 나의 나이트 캡이었다. 그는 기타리스트기도 해서 내 기타를 보며 말했다(퀸이 해외 투어라는 걸 다니기 한참 전의 일이다). "이 기타는 아주 독특해. 당신과 당신이 내는 사운드의 일부분이야. 아주 소중해. 무슨 일이 있어도 이 기타를 미국에 가지고 가서는 안 돼. 틀림없이 누군가 훔쳐가 버릴걸." 나는 이렇게 대답했다. "맞아, 내 일부야. 그래서 그것 없이 투어할 방도가 없어." 47년이 흐른 지금, 존 티번은 그래미 상을 수상한 레코드를 수없이 만든 프로듀서(이자 여전히 나의 좋은 친구)이고, '레드 스페셜'은 나와 무수히 많이 세계를 누비고 다니고 있다. 그러니 정말이지 나는 감사해야 할 사람들이 너무나 많다. 대부분의 공은 기술팀과 로드 매니저들에게 돌려야 한다. 그들은 수년간 나의 소중한 악기를 지키기 위해 헌신적으로 일했다. 정말, 깊이 고마워요, 친구들.

1975년 미국 투어에서 로저

이 사진을 찍은 사람은 무대에 아주 가까이 있었던 게 틀림없다. 제일 앞줄에서 찍은 샷이니까. 내가 홍보팀의 커트에게 카메라를 맡겼던 것 같다. 옆모습을 찍겠다고 스테레오 카메라를 옆으로 돌리지 말라고 경고해야겠다. 그렇게 찍으면, 볼 때도 곁눈질로 봐야 하는데, 불편하기 짝이 없다. 꽤나 거칠게 찍혔지만, 로저가 치는 드럼 스틱의 움직임이 느껴질 듯하고 앞쪽 드럼은 든든하다.

뒷장에서 보이는 프레디의 모습도 비슷하다. 펜탁스 카메라에 빔 스플리터를 달았을 때 일어날 수 있는 일이다. 사진 중앙에 프레디가 유령처럼 보일 것이다(스테레오 뷰어로 보지 않으면 말이다). 중앙에서 두 이미지가 겹쳐서 그렇게 되었다. 그러니까, 렌즈가 넓게 열려서 좌우 분리선이 흐릿해졌기 때문이다. 이런 사진들은 간혹 부엉이 안경을 써도 보이지 않기 때문에, 몇몇 경우에는 보이도록 수정 작업을 거쳤다.

빔 스플리터로 찍은 사진에서 나타나는 현상. 중앙의 유령 같은 프레디가 보이는지?

기타의 빨간 점을 발견했는가? 퓨즈 박스 스위치가 있는 구멍을 덮은 것이다. 나는 꽤 일찍 퓨즈 박스에 질렸는데, 퓨즈 톤보다 훨씬 강한 소리를 내는 AC30 확성기를 발견했다. 그래서 퓨즈 전기장치와 스위치를 뺐는데, 뭔가로 그 구멍을 감춰야 했다. 빨간 종이 스티커다. 나중에 호주의 기타 제작 장인이자 레드 스페셜의 훌륭한 복제품을 몇 점 냈던 나의 좋은 친구 그렉 프라이어 Greg Fryer가 이 종이 점을 대체해 주었다. 전복 껍질에 새긴《백 투 더 라이트Back To The Light》별로. 아직도 내 기타에 그대로 붙어 있다.

디키가 대단히 정밀한 솜씨로 기타를 연주하고 있다.

디키가 그의 정밀한 베이스 기타를 연주하고 있다. 앞쪽에 모니터 캐비닛이 있고, 뒤쪽에 앰프가 보인다. 아주 어린 모습의 존이다. 존은 디자이너 의상을 좋아한 적이 없었다. 자신의 스타일대로 입고 싶어 했다.

존은 처음부터 독자적인 사람이었다. 사진의 입자는 거칠지만 입체적으로 잘 보인다. 그 시절에는 고감도필름을 써야 했고, 500 GAF 같은 고감도 필름은 입자가 굵었다. 평범한 엑타크롬 Ektachrome[코닥이 출시한 슬라이드 필름]을 썼다면 입자는 작았겠지만, 무대 위 움직임을 포착하는 데 필요한 감광 속도가 떨어졌을 것이다. 조명등이 많았지만 요즘 기준으로는 그리 밝지 않았다. 조명은 안에 전구가 든 파 캔par cans이었는데 텅스텐 필라멘트를 하얗고 뜨겁게 만드는 방식이었다. 조명 개수도 아주 많지는 않았다. 빛보다 열이 더 많이 발산되는 조명이었다! 하지만 나름의 대담한 마법을 펼쳤다. 요즘의 LED 전구는 밝고 선택의 여지(즉각적인 칼라 변화 같은)를 주지만 시간이 지나면 밋밋해진다. 그래서 우린 지금도 라이브 공연에서 뜨거운 텅스텐 전구를 좋아하는 드문 밴드다.

1975년 2월 보스턴의 오르페움 극장에서 연주하고 있다.

분위기가 좋은 사진이다. 스테레오 사진은 드라이아이스의 연기, 그러니까 '무드'를 잘 포착한다. 뒤로 내 '벽'인 AC30이 보인다. 겨우 앰프 두 개다. 앰프가 아직 완전한 위용을 갖추기 전이었다! 보스턴의 오르페움 극장Orpheum Theatre이었을 것이다. 보스턴에서의 첫 공연. 그 이야기는 다음 기회에 물어봐 주기를!

아! (뒷장에) 화려한 잔드라 의상을 입은 프레디의 스테레오 사진도 있다. 그는 기타를 매지 않은 데다 타고난 대담성 덕분에 큰 새처럼 무대를 빙빙 돌며 '날개 주름'의 효과를 극대화했다! 드럼의 문양을 유심히 보기 바란다. 프레디의 디자인이다. 그는 미술대학에서 그래픽 디자인을 공부했다. 처음 퀸을 시작하면서 프레디가 만든 밴드 로고와 문양(지미 헨드릭스의 초상들 사이에 나오는)은 여전히 우리와 함께하고, 오랜 세월 무수히 다양한 방식으로 사용되었다.

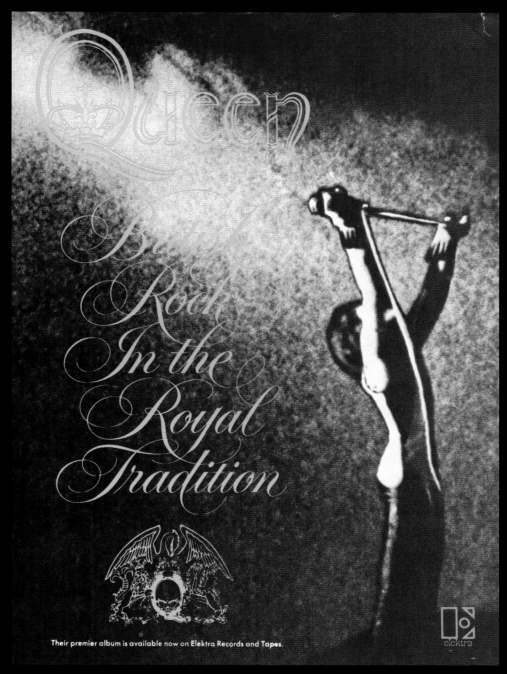

1975년 미국 대중에게 퀸을 소개했던 엘렉트라의 홍보물.
첫 앨범 재킷을 보라색에서 금박을 더한 밤색으로 바꾸었지만 아무도 불평하지 않았다!

잔드라 로데스의 '날개옷'을 입은 프레디

1975
길 위에서

1975년 1월 파리에서 헤어드라이어 밑에 앉은 프레디

여기서 소개하는 사진들은 대부분 자유 시간의 모습들이다. 우리는 퀸의 건전한 성장을 만끽하고 있었다. 우리는 전 세계에 친구와 팬 들이 생겼지만, 다큐멘터리에 나오듯 아직도 빚이 있는 상태였다. 그래서 밴드 안팎에서 '큰 거 한 방'에 대한 기대감이 감지되었다. '빅 히트곡이 나와 모든 상황이 정리되고 미래가 탄탄해졌으면!' 아무튼 닥칠 일을 모른 채 우린 신나게 지냈다.

이 황홀한 순간은 프레디가 머리를 말리는 장면이다. 파리의 백스테이지였을 것이다. 「웨인스 월드Wayne's World」[1992년 영화] 같지 않은가? 기계가 바람을 뿜는 게 아니라 빨아들이는 느낌이다. 이 장면을 찍고 싶었던 이유는 드라이어가 스테레오 촬영의 피사체로 좋고, 또 어머니들이 파마하는 미장원 기계 아래 떠오르는 록 스타가 앉은 게 재미나기도 했고! 어쨌든 느낌을 아시겠지. 하지만 세월이 이렇게나 흘러서 저리 느긋한 모습의 프레디를 보니, 아주 다른 감정이 생긴다.

다음 사진은 파리의 샤를드골 공항에서 찍은 로저와 프레디. 실루엣만 어렴풋한 사람은 내 기억에 데이브라는 거구의 사내다. 퀸의 개인 비서로 일하면서 밴드의 매니지먼트를 담당했다. 함께한 시간이 길지는 않았다. 그나저나 다들 뭘 저렇게 보고 있지? 뭐였는지 모르겠다. 프레디가 손에 든 건 마이크 스탠드인가? 왜 저걸 들었지? 아주 이상하다. 마이크가 아니라 채찍이었던 것 같다. 프레디는 채찍을 갖고 다니길 좋아했고, 가끔 내리쳐서 특별한 효과를 연출했다. 내게 이유는 묻지 마시고. 셀카봉은 아니다! 한데 왜 이걸 공항에 갖고 왔을까? 정답은 엽서로……

일본에서 록 스타가 되다

1975년 4월의 첫 일본 투어는 경이였다! 모든 면에서. 다른 곳에서 퀸은 진짜 록 스타가 아니었지만, 일본에서 갑자기 비틀스가 되었다! 도쿄 공항에 도착하니 수천 명의 팬이 기다리고 있었다. 콘서트에도. 공연 기획자는 이렇게 말하지 않았던가. "일본 관객을 만나려면 마음의 준비를 해야 합니다. 너무 조용해서 별로 호응하지 않거든요." 그런데 가 보니 이건 폭동이었다. 관객은 처음부터 끝까지 함성을 질렀고, 프레디는 도중에 공연을 중단시켜야 했다. 앞쪽 난간에서 관객끼리 서로 부딪쳤기 때문이다. "저기, 멈춰야 해요, 달링. 안 그러면 누군가 다치게 생겼어요."

하지만 그들은 광적이었다! 그때 우린 처음으로 스타덤을 맛봤다. 호텔 밖에서 수백 명이 운집해 기다려서 우린 보디가드들을 동행해야 외출할 수 있었다. 불과 얼마 전까지 대학 공연을 다녔는데…… 황홀한 경험이었다.

얼핏 과열된 인기가 가수를 고립시킬 수 있겠다고 느꼈다. 좀 지나자 비틀스가 스트레스를 받은 이유를 이해했다. 하지만 우린 긍정적인 영향을 많이 받았다. 우리는 바뀌었다. 퀸의 외적 요소와 좋은 에너지를 발산하는 능력을 더 잘 인지하게 되었다. 퀸의 공연은 이미 충분히 드라마틱했지만, 일본 무대에서는 더 열정을 쏟았다. 일부러 애쓰지 않아도 저절로 그렇게 됐다. 훨씬 더 많이 소통하게 됐다. 열렬한 청중은 아티스트에게 놀라운 경험을 안겨 준다. 연주가 달라지고, 공연도 다르게 느껴진다. 첫 일본 투어는 획기적인 경험이었다. 부도칸! 부도칸은 도쿄의 무술도장이지만, 지금은 록 공연 장소로 세계적으로 유명하다. 그들은 경이로운 청중이었다. 초창기에 퀸에게 자신감을 준 것은 일본 팬이었던 것 같다. 우린 급속도로 발전했다. 그야말로 '물건'이 되었다.

도쿄 부도칸의 백스테이지에서 프레디와 로저

부도칸의 백스테이지에는 일본 팬들이 보낸 각종 장난감, 책, 선물…… 온갖 예쁜 물건들로 산사태가 났다. 선물이 전부 분장실로 전달되어서, 방이 놀라운 물건들로 꽉 찼다. 팬들이 사려 깊었다(40년이 지난 지금도 여전한 팬들이 많다). 일본 전통 공예품이 많아서 그 고유의 모양을 눈에 익혔다. 생생한 교육이면서 동시에 무한한 감동이었다. 팬들이 고생이 심해서 마음이 울컥했던 것이다. 그들은 받은 만큼 주고 싶어 했다. 목각 장난감, 책, 퍼즐, 그림, 소형 악기, 사무라이 검까지 망라된 수북한 선물 더미라니. 프레디의 말이 기억난다. "있지, 다른 물건은 됐고 사무라이 검만 줘."(물론 농담으로!). 그리고 켄다마도 있었다. 켄다마는 전통 목각 놀이기구로 공과 손잡이가 달린 컵과 튀어나온 대못으로 구성된다. 공과 컵이 끈으로 연결되고, 공을 잽싸게 흔들어 던져서 컵이나 대못으로 받는다. 색색의 나무 팽이와 대못 위에 앉은 새를 비롯해 환상적인 신기한 물건들을 난 아직도 보물처럼 간직하고 있다. 보면 마음이 따뜻해진다.

켄다마 기술을 연마 중인 로저

이게 바로 켄다마! 그리고 로저! 보다시피 로저가 컵으로 공을 받는 데 성공했다. 간단해 보이지만 상당히 까다롭다. 공이 나무못에 들어가게 받는 기술은? 훨씬 어렵고! 프레디는 이 장난감을 좋아했다. 도쿄타워 옆 공원에서 프레디가 켄다마를 하는 모습과 나머지 멤버들을 찍은 영상이 있다. 최근 투어에서 〈디즈 아 더 데이즈 오브 아우어 라이브즈These Are the Days of Our Lives〉를 연주하면서 이 영상을 스크린에 띄웠다. 다수의 청중이 향수에 젖었다. 나도 몸을 돌려 스크린을 보다가 울컥했다. 프레디는 잘하는 일을 즐겨 했다. 잘하지 못하는 일은 좋아하지 않았다. 탁구, 좋아했다. 귀신처럼 잘 쳤다. 축구? 아니고. 이겨야 직성이 풀리는 사람이었다.

내가 보관 중인 켄다마와 다른 일본 장난감들

부츠를 신는 프레디, 섬세한 손놀림.

극도로 집중한 순간. 내가 좋아하는 사진이다. 진짜 프레디, 그러니까 그 젊은 육체와 재능이 보이는 듯하다! 프레디의 가슴 털 때문에 생긴 웃긴 일화가 있다. 퀸의 초창기에 사진 촬영을 할 때였다. 프레디가 털 없이 매끈해 보이고 싶다면서 가슴을 면도했다. 퀸 활동을 통틀어 그때 촬영한 사진들이 가장 못마땅하다. 무대에서 내려온 직후라 땀범벅인 채로 형편없는 조명 아래서 촬영했으니까. 솔직히 사진이 공개되는 것을 막으려고 했지만 사진작가가 막강한 유통 시스템을 보유해서 도리가 없었다. 이 사진들은 계속 사방에서 출몰했다. 심지어 카메라의 주도국인 일본에서도. 몇 달 후 또다른 촬영이 있었는데 이번에는 프레디가 털 없는 어린 모습의 연출을 포기했다. 그러자 언론이 엉뚱한 이야기를 만들어냈다. "충격! 퀸의 새 사진에서 프레디는 가슴 가발 착용!" 늘 그렇듯 언론의 말은 과감하게 뺄 것은 빼고 들어야 한다.

"우리 손을 맞잡고 이대로 함께해요."

일본? 모든 게 너무도 강렬하고 감성적이어서 떠나고 싶지 않았다. 우리는 일본 통역팀, 안전 관리팀과 혼연일체가 되었고, 귀국 비행기에 오르려고 작별인사를 나눌 즈음 다들 감정이 북받쳤다. 그건 변하지 않았다. 일본에 다시 갈 때마다 같은 감정을 느낀다. 나는 퀸으로서 일본인들과 나눈 강한 연대감을 〈테오 토리아테[Let Us Cling Together. '손을 맞잡고'라는 뜻]〉로 노래했다. 친절한 통역사 치카 쿠지로카(103쪽의 그녀)가 합창의 절반을 일본어 가사로 번역해 주었다. 그녀에게 감사 인사를 제대로 못 했다. 언제부턴가 우린 일본에 갈 때마다 이 곡을 부르고, 이제 새로운 세대인 팬들은 조용히 완벽한 음정으로 합창한다.

일본 팬들과 함께. 로저가 보이는지?

길에서 우리를 따라다닌 팬들이다. 우리에게는 새롭고 이상한 경험이었고, 그들에게도 마찬가지였을 것이다. 경험한 적 없는 이상한 일, 다른 별에서 온 이상한 존재들이었겠지. 한 소녀가 손에 「뮤직 라이프」를 들고 있다. 퀸이 일본에서 성공하는 데 큰 역할을 한 잡지다. 도쿄 거리의 풍경은 독특하다. 런던과 아주 다르다. 모든 전기 장비가 허공에 있다. 영국은 전선들이 바닥에 묻혀 있지 않은가. 일본에서는 모든 게 기둥으로 받쳐치고 건물에 결합되어 지면에서 떠 있다. 사진에 엉킨 큰 전선 더미가 보일 것이다. 얽히고설켜서 색다른 풍경을 연출한다.

그 시절 서양인이 도쿄에서 (아니, 어느 일본도시든) 길을 잃으면 집을 찾아가기가 몹시 어려웠다. 문화 충격이었다! 할 수 있는 일이 전혀 없었다. 휴대폰은 당연히 없고, 거리에 알파벳 글자가 없다. 더듬더듬이라도 읽을 수 있는 글자가 하나도 없고, 모두 중국 한자에서 차용한 간지나 음성문자인 가타카나로만 적혀 있으니! 나는 훗날 가타카나를 익혔다(182쪽 참조). 거리에서 영어를 말하는 사람을 찾을 수도 없었다. 지금과 달랐다. 그 시절에는 완전히 외국, 고향집에서 머나먼 타지였다! 물론 사람들은 놀랍게 친절했다. 우리가 카메라를 들고 거리를 걷다가 '광적인 쇼핑'을 하러 가면, 팬들이 몰려들어 초조해 하며 따라왔다. 이 사진에는 나오지 않지만 일본인들은 말할 때 손으로 입을 가렸다. 몹시 수줍음을 탔다. 사실 대단히 사랑스러웠다. 늘 예의바르고 이해심이 많았다. 일본 문화가 그렇다. 대단히 열광적이기도 했다. 우린 급속히 일본과 사랑에 빠졌다.

'광적인 쇼핑'이라고 표현한 것은 영국에서의 쇼핑과 전혀 달랐기 때문이다. 프레디는 도자기와 그림을 좋아했다. 완전히 일본 문화에 반했고, 말년에는 우키요에[일본 목판화] 작품들에 파묻혔다. 이것이 평생 열정을 쏟는 대상이 되었다. 아래는 프레디가 도자기 단지를 감상 중인 모습이다. 무척 진지해 보인다. 일본에서 단지는 감상하는 작품이기도 하다. 컵도 마찬가지. 하나하나 다 다르니까. 대량생산이 아니다. 모든 컵과 단지가 독특하다. 그 과정은 다도의 일부이기도 하다. 차를 마실 때 컵을 돌려가며 개성을 감상한다. 사람이나 그림을 감상하듯. 앞쪽에 디키가 카메라를 응시하며 웃고 있다. 아주 어리고 패기 넘치는 모습이다. 프레디 뒤쪽의 마이크 머피는 당시 개인 비서로 우리(실은 주로 프레디)를 챙겼다. 모두 펜탁스에 빔 스플리터를 장착해서 찍었다.

'광적인 쇼핑'

공연 후 기진맥진인 채로 포즈를 취한 프레디와 로저

우리 넷을 귀엽게 표현한 인형. 나의 소장품이다.

인형을 선물 받았던 당시. 프레디가 이 사진을 보면 달가워하지 않겠지만, 이런 상황이니 날 용서해.

소박한 릿지 팜에서 탄생한
화려한 오페라, 《보헤미안 랩소디》

릿지 팜의 테라스에서 차와 여유를 즐기고 있는 프레디

런던 근교 서리Surrey의 릿지 팜 스튜디오Ridge Farm Studio에서 앨범을 제작했고 그게 모든 걸 바꿨다. 다들 채무에 허덕이던 터라, 만약 이 앨범이 잘 되지 않았다면 다 포기하고 아버지가 늘 말하는 '맞는 일을 찾아' 갔을 것이다.

로저 : "나랑 테니스 칠 사람?"

여가 시간의 스케치. 「뮤직 라이프」 잡지의 기자와 사진기자 들이 찾아왔다. 일본 친구들은 앨범의 제작 과정을 기록하겠다고 했다. 그래서 우린 시간을 내서 그들과 어울렸다. 이 사진은 테니스를 치는 장면이다. 난 나팔바지를 입었다. 테니스 하기 좋은 차림은 아니다. 솔직히 말하면 멤버 모두 테니스에 소질이 없었다. 카메라 앞에서 포즈를 취했을 뿐. 프레디는 탁구라면 누구든 박살 낼 수 있었다. 하지만 실외 경기는? 관심도 없었다. 어쨌든 이후에도 한참은 그랬다.

사랑[테니스 경기에서 스코어 0] — 15?

뒷장 사진은 잔디밭에서 쉬는 존. 플랫폼 부츠[밑창이 두꺼운 신발]가 눈에 띈다. 그 시절 멤버 모두가 즐겨 신었는데. 사실 프레디는 로저와 가게를 내기 전에 켄싱턴 마켓의 부츠 가게에서 점원으로 일했다. 앨런 메어Alan Mair[스코틀랜드 출신 가수]의 가게에서 부츠를 팔았다. 이게 그가 팔던 부츠와 똑같은 모양이다. 굽이 크고 앞쪽이 플랫폼처럼 올라와 있다. 당시 유행하던 디자인이다. 최근「킨키 부츠Kinky Boots」라는 쇼에 갔다가 그 시절이 기억났다. 굽 높은 신발을 신는 게 얼마나 괴로운지 까맣게 잊고 있었다. 정말 발이 아프다. 나팔바지에 앨런 메어 부츠를 신은 존.

릿지 팜의 잔디밭에 누운(?) 존

로저다. 꼭 수영장에 빠질 것 같은데, 아직은 아니다. 스테레오를 제법 멋지게 활용한 사진이다. 흠! 맞다, 내가 잡은 스테레오 구도를 자화자찬 하는 말이다. 전경이 좋고 초점이 살짝 흐려진 게 도움이 된다. 로저가 정중앙에 있는데, 평면 사진뿐 아니라 3D 사진에서도 거기가 딱 맞는 위치다. 무한대를 향한 중간쯤 놓인 듯한 다이빙대에 걸터앉았다. 로저는 젊음을 발산한다. 그는 다른 멤버들보다 패션 감각이 뛰어났다. 프레디도 동의할 것이다. 로저는 옷을 입을 줄 알았다. 스타일이 있었다. 처음 만났을 때 로저는 이미 투어 중인 록 스타 같은 모습이었다. 퀸이 막 여정을 시작했을 때도 로저는 그런 모습이었다. 프레디는 록 스타를 한참 넘어선 모습이었고. 프레디의 스타일은 아주 화려했다. 하지만 글램록의 번지르르한 분위기가 절대 아니었다. 우아했다. 존과 나는 재미있는 것 같고 공연의 일부라서 옷에 관심을 두기 시작한 편이다. 하지만 몇 년간 투어가 일상인 삶을 살았더니 결국 다 하나로 어우러졌다. 뭔가가 되려고 의도적으로 애쓰지 않아도 되었다. 그냥 그런 존재가 되어갔다.

릿지 팜의 다이빙대에 앉은 로저

릿지 팜에서 「뮤직 라이프」 사진 촬영

「뮤직 라이프」의 일본 사진작가가 우리를 릿지 팜 하우스 앞에 앉히고 있다. 그 모습을 내가 그의 등 뒤 몇 걸음 떨어진 곳에서 3D로 찍고 있다. 흰 옷을 입은 프레디가 여름 분위기를 물씬 풍긴다. 이 장면의 전경과 배경이 모두 중요해서 꼭 3D로 촬영하고 싶었다.

이 여름 「뮤직 라이프」에서 릿지 팜에서 우리를 찍어 게재한 사진들이 아래 보인다. 다이빙대에 앉은 로저의 3D 이미지를 찍는 내가 보이지?

「뮤직 라이프」 잡지, 1975년

TR5에 탄 존 해리스

첫 로디[지방공연 매니저, 록그룹의 장비 설치자]였던 존 해리스John Harris가 아끼는 TR5[영국산 스포츠카]에 탄 모습(적어도 내 기억에는 그렇다). 로저는 존을 위해 "내 차와 사랑에 빠졌지I'm In Love With My Car"라는 가사를 썼다. 그가 내게 그렇게 말했던 기억이 난다. 하지만 꼭 존 때문은 아니었을 것이다. 로저는 요즘도 차에 빠진 걸로 유명하니까. 디키가 카메라를 쳐다보고 있다.

"내 차는 볼보!"

존 해리스는 수수께끼였다. 진짜 완벽주의자였다. 그러니까, 아마도 극단주의자로 여겨질 만큼. 초창기에는 퀸의 사운드 믹싱도 종종 했다. 트랜짓 밴을 운전하고, 멤버들을 챙기면서 무대 장비를 설치한 후 공연 중 라이브 사운드를 믹스했다. 그땐 밴드의 다섯 번째 멤버나 다름없었다. 놀랍도록 헌신적이었다. 결국은 팀과 헤어졌는데, 나는 그게 지금도 안타깝다. 우리가 존을 더 잘 챙길 수도 있었는데 그러지 못했던 것 같다. 하지만 그땐 투어 방식이 전격적으로 변해서, 운전도 해 주고 음향장비도 설치해 주는 사람은 필요하지 않았다. 매사 규모가 훨씬 커져서, 각각의 업무를 맡을 전문가들을 고용해야 했다는 말이다. 존을 잃는 것은 섭섭했지만, 애초에 그가 일을 잘해냈다는 것은 두말 하면 잔소리다. 칭찬과 존경을 받아 마땅한 사람이다. 고마워요!

릿지 팜에서 기타를 연주하는 로저

로저가 잔디밭에 히피처럼 앉아 12현 기타를 연주한다. 지금도 이 기타를 갖고 있을 것이다. 로저는 나보다도 더한 기타 수집가니까. 기타를 많이 갖고 있다. 꽃무늬 셔츠와 너덜너덜한 청바지를 입었다. 저 장면 속으로 걸어 들어갈 수 있을 것 같다. 잡초마저 생기 있어 보인다.

드럼 테두리를 다듬는 '넛저'

드럼 테두리를 손질하는 '넛저'의 사진이다. 그는 술이 몇 잔 들어가면 대화 중 사람들을 쿡쿡 찔러서[nudge 찌르다] '넛저(찌르는 사람)'이라는 별명을 얻었다.

스튜디오에서 연주하는 로저

릿지 팜의 환경은 아름답고 평화로웠다. 창작하기에 적당한 곳이었다. 우린 다른 사람들, 신경 쓰이는 가정생활과 일 등에서 벗어났다. 오롯이 우리 넷, 우리 사람들, 우리 음악만 있었다.

잉글랜드 서리의 릿지 팜

이 소박한 스튜디오는 제스로 툴Jethro Tull, 씬 리지Thin Lizzy, 오지 오스본Ozzy Osbourne, 피터 가브리엘Peter Gabriel 등 록 음악계 최고 인물들이 거쳐간 현장이다.

같은 필름에서 찾아낸 프레디의 멋진 사진. 아쉽게도 스테레오는 아니지만 조명이 근사하다. 피아노 옆에 서서 악보를 보는 프레디. 아마도 화음을 고민하고 있는 것이리라. 너무 바쁘고 '문명'과 멀찍이 떨어져 있던 터라 면도를 하지 않은 모습이다. 우리 모두가…… 몰입했지만 느긋했다.

피아노 앞의 프레디

존 해리스를 로저로 보는 경우가 많아서(팬들과 언론계 모두가!) 가끔 유인책으로 유용했다! 여기
서 이유를 알 수 있을 것이다.

존 해리스, 로저, 넛저, 캠프리지 출신의 조명 디자이너 제임스 댄.

하프 연주⋯⋯

면도 얘기가 나와서 말인데, 이 사진은 이스트 런던의 지하실 삼 이스트 스튜디오Sarm East Studios에서 수염이 덥수룩한 채로 하프를 켜는 내 모습이다.《어 나이트 앳 디 오페라A Night At The Opera》를 작업하느라 오래 머물렀던 녹음실들 중 한 곳이다. 지금은 거기 없다. 우린 〈러브 오브 마이 라이프Love Of My Life〉에 하프를 쓰면 멋지겠다 싶었다. 거기에 나는 바로 앞 곡인 〈더 프로펫츠 송The Prophet's Song〉에서 장난감 고토koto[가야금처럼 생긴 현악기] 소리와 하프 소리를 겹쳐 쓰려는 생각도 있었다. 우리는 하프를 가져와서 연주법을 궁리했는데 아주 기초적인 수준이었다. 그야 당연한 게 난 하프라고는 만져 본 적도 없었던 것이다! 조율만도 한세월이 걸렸고, 누가 문이라도 열고 들어와 찬 공기가 들어가면 처음부터 다시 조율해야 했다. 페달 하나 움직이는 데도 같은 상황의 반복이었다. 이런 악기의 연주가들은 대체 어떻게 콘서트를 할 수 있을지 상상도 되지 않는다. 결국 코드를 하나 연주하면, 그때마다 녹음 장비를 정지시키고 다시 조율했고, 이 방법이 통했다. 입체적으로 만든 소리 위에 아르페지오를 구사할 수 있어서였다. 〈러브 오브 마이 라이프〉의 도입부를 들어 보면 알 수 있다. 나중에 알았지만, 라이브 상황에서 서둘러 편곡해 부른 것이 짜임새 있게 녹음한 원곡보다 유명해졌다. 단순함과 목소리와 기타의 밀착감이 호소력 있는 듯하다. 최근 몇 년 사이 그 곡을 지침 삼아서 케리 엘리스Kerry Ellis와 작업해 왔다. 적절하게 쓰면 어쿠스틱 사운드와 목소리에는 강력한 순수함이 있다. 공연에서 그런 순수함에 유연성을 더하면 청중에게 가장 가까이 다가갈 수 있다.

맞다. 그 시절 나는 수염을 길렀다. 프레디가 면도하지 않은 변명과 비슷한 이유도 있었다. 하지만 내 수염은 낙심의 상징이기도 했다. 앨범을 만드는 내내 늘 싸움이 벌어져서 우울한 시기였다. 멤버들 모두 제각각이었다. 투어 때는 훨씬 정리된다. 다들 같은 일에 매진했고, 뭘 해야 될지 명확했으니까. 청중을 즐겁게 하고 다음 공연지로 이동. 그런데 녹음실에서는 철저하게 토론하고 무에서 유를 만들어 내려 한다. 화가 넷이 한 작품을 그리는 셈이다. 다들 그리고 싶은 게 달라서 어렵다. 스트레스가 많다. 하지만⋯⋯ 아시다시피⋯⋯ 재미난 순간들도 누렸다.

1975년 8월 런던의 삼 이스트 스튜디오에서 《어 나이트 앳 디 오페라A Night At The Opera》 녹음 중

프레디와 엔지니어인 마이크 스톤Mike Stone이 함께 찍은 드문 사진이다. 초점이 더 잘 맞았으면 좋았을걸. 마이크 스톤은 환상적으로 뛰어난데 너무 과소평가 받았다. 그는 《어 나이트 앳 디 오페라》에서 로이 베이커 프로덕션Roy Baker's production의 엔지니어로서 엄청난 역할을 감당했다. 《어 데이 앳 더 레이시스A Day At The Races》와 《뉴스 오브 더 월드News Of The World》 때도 우리 넷과 함께 프로듀서나 다름없었다. 재능이 뛰어나고 아주 재미난 사람이었다. 술과 너무 친하다고 농담하곤 했었는데, 나중에 술은 진짜 문제가 되었고 결국 그를 죽게 했다. 약물보다 술 때문에 죽은 사람을 더 많이 봤다. 내 경험상 알코올은 가장 무섭고 교활한 킬러다. 슬그머니 파고들어 통제력을 잃게 하니까. 마이크는 사운드 믹스에 탁월했다. 그가 데스크 위의 EQ[음질 조절 버튼]를 건드리면 소리가 마법 같이 제대로 섞였다. 놀라웠다! 마이크는 트라이던트 스튜디오Trident Studios 사환으로 출발했고, 당시에는 다 그런 식이었다. 엔지니어가 되는 법을 대학에서 배우지 않았다. 녹음실 사환으로 취직해 배우다가, 운 좋으면 엔지니어 보조가, 운이 진짜 좋고 오래 열심히 일하면 엔지니어가 됐다. 마이크는 엔지니어 보조 시절에 우리와 호흡을 맞췄다. 난 싱글 《킵 유어셀프 얼라이브Keep Yourself Alive》의 최종 믹스를 마이크와 했다. 다른 누구도 떠올릴 수 없었다. 둘 다 원하는 것을 본능적으로 알았지만, 기술적 지식을 가진 이는 마이크였다. 스튜디오에서 난항을 겪을 때 그는 우리가 원하는 바를 간파하고 쉽게 해결했다.

이후 상황으로 말하자면 역사가 되었다. 앨범이 세계적으로 히트했고 싱글 《보헤미안 랩소디 Bohemian Rhapsody》도 대히트했다. 우린 빚을 청산했다! 새 매니저 존 리드John Reid가 (관계의 증거물로) 멤버 각자에게 금 브로치를 선물했다(아래). 모든 게 우리를 오랜 영광의 길로 이끌었다.

1976

켐톤 파크 경마장에서의 하루

《어 나이트 앳 디 오페라A Night At The Opera》의 대히트로
월드 투어를 성공적으로 마친 후, 후속 앨범 제작에 돌입
했다. 마르크스 브라더스Marx Brothers[미국의 영화배우 가족. 주로
코미디 영화를 만들었는데, 퀸이 4집과 5집 앨범 제목을 그들의 동명의 영화에
서 따왔다]를 본따서 《어 나이트 앳 디 오페라》로 시작했으
니 다음 앨범은 《어 데이 앳 더 레이시스A Day At The Races》
로 결정했다. 또 한 장의 복잡한 앨범이었고 스튜디오에
서 어마어마한 시간을 보냈다. 앨범이 마무리되자 매니저
존 리드는 거창한 관례대로 앨범 발매를 발표할 적당한
장소를 예약했다, 바로…… 켐톤 파크 경마장.

켐톤 파크 경마장 관람석에서
(뒷줄) 브라이언, 존, 피트 브라운
(가운데 줄) 로저, 조 모리스
(앞줄) 프레디, 존 리드

그날 켐톤에서 어떤 일이 있었는지는 별로 기억나지 않는다. 경마는 우리가 좋아하는 일이 아니었다, 누구도. 말이 어떤 대우를 받는지 알게 된 후로는 더 싫어졌지만. 그때 우린 어떤 경주에서 배팅을 하라고 권유받았다. 존이 우리 대신 후원한 경주였다. 다들 경주마를 모르니까 레이스 카드[출전 말들이 기록된 카드]를 쳐다보다가 육감으로 승자를 골랐다. 아니, 이름을 보고 골랐던가? 모르겠다. 하지만 희한한 일은 우리 넷이 같은 말을 선택했다는 사실! 이상했다. 더욱 이상한 것은…… 그 말이 우승했다는 사실!

여기 '스튜디오 탠studio tan[프랭크 자파의 앨범 제목을 패러디. 뒷배경이 황갈색인 점을 빗댄 것이다]'에 있는 내가 보인다. 막 결혼한 아내 크리시와 함께 있다. 우린 딱 하루 경마장 손님이었다.

경마장에서 나와 크리시

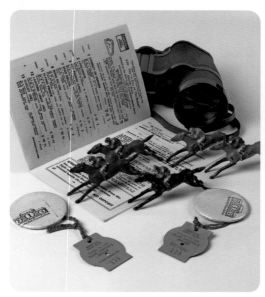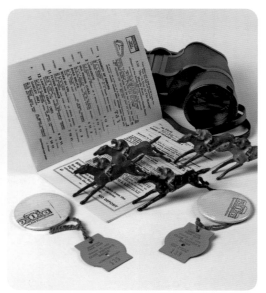

그날의 레이스 카드와 액세서리

폴라로이드 사진을 살피는 존

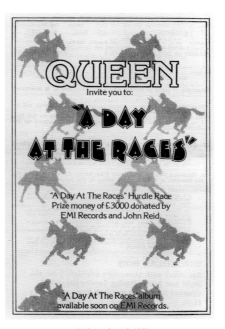

레이스 카드의 안쪽

프레디와 피트 브라운

어안렌즈로 기록한 일본

도쿄 부도칸의 분장실

기차역에서

"싸늘한 눈빛으로 팬들을 안전한 곳으로 물러나게 제압하는 일본 경호원들!"

이제 두 번째 일본 투어다. 자, 이번 장에는 3D 사진이 없다! 왜냐고? 지난 일본 투어 이후의 여행에서 드디어 반짝이는 어안렌즈를 구입해서, 잠시 스테레오보다 초광각에 홀렸으니까. 어찌 보면이 이미지들에 나름대로 3차원적인 구석이 있다. 우릴 둘러싼 주변이 한눈에 조망되니, 현재 엄청나게 인기 있는 VR(가상 현실)이 연상된다. 걱정 마시길, 곧 3D 경험으로 되돌아갈 테니.

왼쪽 스냅 사진 두 장은 부도칸의 차분한 백스테이지와 고속 열차를 타고 다음 도시로 이동하는 정신없는 광경을 대조적으로 보여 준다.

기차역에 스태프들이 어지럽게 흩어져 있고, 일본 경호원들은 싸늘한 눈빛으로 팬들을 안전한 곳으로 물러나게 제압한다! 사진 아래쪽에 선글라스를 쓴 프레디는 코니 파파스Connie Pappas(당시 존 리드의 오른팔인 여성)와 대화하고 있다. 노란 상의를 입고 양손을 허리춤에 척 얹고 있는 사람은 존 리드의 형제 바비Bobby고, 오른쪽에 디키와 피트 브라운이 구경하듯 서 있다. 맨 오른쪽은 이타미 상, 일본 경호팀 책임자로 국제 무술 타이틀 보유자이자 젠틀맨 그 자체.

이제 고속 열차를 타고 총알처럼 달린다. 철로에 이음매가 없어서 그제껏 탔던 기차 중 가장 매끄럽고 빠르게 달렸다. 일본 대부분 지역으로 운행했다. 누군가 내 카메라를 빌려갔다. 이타미 상이 담배를 들고 있다.

고속 열차에서

후쿠오카행 고속 열차에서 로저와 프레디와 일행들

이 사진은 뭐가 문제일까? 요즘 고속 열차는 무조건 금연이다!

개인적으로 가장 뭉클한 장면. 기차가 역에 정차하자 팬들이 수십 명씩 창으로 몰려들었다. 전혀 예상하지 못한 일이었다. 형편이 되는 팬들이 역마다 나와 있었고, 정차하는 모든 역에서 같은 상황이 반복되었다. 경호원들이 그들을 겁먹게 했다. 어디나 있었던 그 팬들에게 축복이 있기를!

히메지 부근 어딘가에서 창밖의 팬들

기린 맥주를 마시는 바비 리드와 로저

일행 모두를 사진에 담으려는 존. 존 해리스가 활짝 웃고 있다. 앉은 사람은 로저와 로드 매니저 래티.

고속 열차에서 먹는 도시락 점심. 애처롭게도 너무 젊은 나이에 죽은 피트 브라운······. 우리 둘 다 행복해 보인다.

1976
고향 영국에서의 일상

분장 중인 프레디. 손에 꼽히게 마음에 드는 프레디의 사진. 이 책을 기획할 때는 까맣게 잊고 있었는데, 편집자가 서랍 속에서 찾은 롤필름에 이 사진이 들어 있었다. (어찌 보면) 아무 것도 버리지 않아서 참 다행이다! 그 시절엔 우리 모두 화려했지만 프레디가 유독 더 했다. 이후 분장에 대한 관심은 시들해졌다. 의상에 대해서는 여전했지만, 그 관심도 슬슬 줄었다. 특히 라이브 에이드*Live Aid* 이후에 더. 그 무대는 조명이며 세트며 다 주최측에서 담당했고, 우리는 그냥 진을 입었다.

여기서 프레디의 분장을 돕는 사람이 누군지 잘 모르겠다. 경계심을 푼 멋진 순간이다. 생각에 잠긴 프레디. 이 사진을 찾아서 천만다행이다.

분장 중인 프레디. 그윽하고 우아하다.

거울 속의 프레디

분장실 거울에 비친 프레디. 선반에 패스트푸드 쓰레기가 쌓여 있다. 빅 히트 이후에도 리츠 호텔 만찬 같은 건 없었다! 시간이 없었다. 또 보다시피 모두 한 방에 있다. 프레디 옆에 내 가방이 보인다. 그간 방문했던 도시의 스티커가 잔뜩 붙어 있다. 멤버 전원이 이것(소형 기내 가방)을 분신처럼 가지고 다녔다. 짐이 도착하지 않는 경우가 잦았기에, 그 경우 버틸 수 있는 기본물품을 담아서 말이다. 요즘 랩톱 컴퓨터의 케이스를 들고 다니는 것과 비슷하다. 물론 요즘은 대부분의 필수품이 기내 반입이 안 되고 수하물로 부쳐야 한다. 가위, 샴푸, 손톱 줄, 치약 등등. 안 그러면 탑승할 수 없다. 맞다, 투어 생활이 복잡해졌다.

분장실에서 존

퀸 굿즈인 '어 나이트 앳 디 오페라A Night At The Opera 티셔츠'를 입은 존. 이 사진도 분장실에서의 한때.

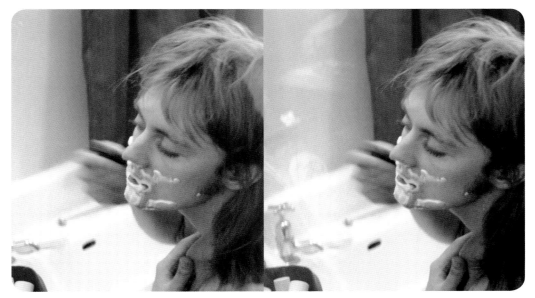

면도하는 로저

안전면도기로 면도하는 로저의 멋진 사진. 이런 때가 있었다니! 이제 로저는 연중 산타 할아버지 모습이다. 그래! 청춘은 청춘이 귀한 줄 모른다는 말이 있지. 이제 청춘은 어디 있을까?

피트 브라운과 멜 부시

당시 퀸에게 대단히 중요한 인물들이었다. 멜 부시Mel Bush는 퀸의 영국 프로모터였다. 퀸의 첫 정식 영국 투어를 주선하고 '너츠Nuts'라는 젊은 그룹에게 오프닝 연주를 맡겼다. 그 자체로 커다란 도약이었다. 이전 투어에서, 그러니까 영국, 미국 어디든, 퀸이 '모트 더 후플'을 보조하는 역할이었는데. 그런데 갑자기 '우리'가 주인공이 되었고 실제로 공연마다 매진시켰다. 반응은 놀라웠다. 우리가 회오리의 중심에 있는 것 같았다. 하지만 가장 하이라이트는 멜 부시가 전설적인 '레인보우 씨어터Rainbow Theatre' 공연을 주선한 일이었다. 핀스버리 파크 아스토리아Finsbury Park Astoria 공연과 펜테코스트 교회[20세기 미국에서 시작된 근본주의 교파] 공연 사이에 말이다. 불과 18개월 전 거기서 데이비드 보위가 헤드라이너로 나섰던 공연을 봤고(세상에서 가장 큰 공연 같았다) 꿈의 장소였다. 그런데 멜이 투어 막바지에 거기서 공연할 거라고, 매진시킬 수 있다고 툭 내뱉었다. "정말? 우리가 그럴 수 있을까?" 우리가 한목소리로 반문했다. 그의 대답이 기억난다. "그럼, 할 수 있고 말고." 그가 옳았다. 기억에 남을 대단한 밤이었다. 극장은 아름답고(무대 전면 상단부 전체에 환상적인 마을 그림이 있었다) 빅토리아시대 영국이 완벽하게 보존된 모습이었다. 이후 멜은 몇 번 더 콘서트를 주관했는데, 존 리드가 퀸의 매니지먼트를 맡으면서 프로모터인 하비 골드스미스Harvey Goldsmith를 영입했다. 그래서 '멜 부시 엔터테인먼트'와 관계가 끊겼다.

"…… 이 항공편은 전석 1등석이에요, 프레디."

피트 브라운은 다른 얘기다. 존 리드 군단으로 따라왔고 좋은 사람이었다. 젊은 시절 내내 투어를 다녔고, 생전 처음 보는 심한 난독증을 앓았지만 사람과 장소와 상황을 다루는 수완이 대단했다. 피트처럼 순수하고 진솔한 청년은 만나기 힘들다. 퀸과 수년간 함께했고, 최장기간 우호적인 매니저였다. 프레디와 피트는 묘한 관계였다. 글쎄, 내가 보기에 서로 미덥지 않은 관계! 이런 식이었다. 프레디는 공항에 도착하면 1등석이 없는 비행편인 줄 알면서도 "오늘 1등석이야, 피트?"라고 묻곤 했다. 그러면 피트는 걱정스런 표정으로 우물우물 대꾸했다. "그래요, 이 항공편은 전석 1등석이에요, 프레디." 누가 누구를 놀린 건지 모르겠다. 슬프게도 피트는 아주 젊은 나이에 아내와 어린 자녀를 남기고 급작스럽게 세상과 작별했다. 이 자리를 빌어 피트 브라운에게 경의를 표한다.

비행기에서 창밖을 내다보는 디키. 이 사진을 어디 넣어야 될지 몰랐지만 이 책에 꼭 싣고 싶었다.

프레디가 그레이트 데인[털이 짧은 대형견]과 사귀는 것처럼 다정해 보이는 느긋한 순간! 테이블 뒤에 존이 서 있고, 앉은 사람은 초창기 내 기타 테크니션이었던 작Jock과 로저.

프레디와 그의 '친구'

록 스타의 전리품을 몰고 귀환한 록 스타! (아버지가 촬영)

길었던 여정을 마치고 영국에 돌아와서 가장 달라진 점은, 그토록 오래 애써서 찾고 찾은 새 매니지먼트 하에서, 돈이 생긴 것이었다. 으스대는 아들이 펠섬Feltham 월샴 로드Walsham Road의 대견해하는 부모님에게 돌아온 것이다. 과학계의 직업을 포기한 결정이 옳았음을 보여주는 상징을 끌고! 내 차와 장미가 만발한 예쁜 정원이 똑같이 자랑스러운 어머니. 아버지는 대견해 하며 사진을 찍었다.

XJS 5.3 리터 V12. 큰 고양이처럼 그르렁대는 소리를 냈다.

1977
뉴욕, 매디슨 스퀘어 가든

뉴욕 매디슨 스퀘어 가든*Madison Square Garden* 아레나에서의 첫 공연은 퀸에게 획기적인 사건이었는데, 나 개인으로도 그랬다. 이곳이 내뿜는 격렬한 감각은 설명하기 어렵다. MSG는 미국에서 수준급 농구 경기와 스포츠 이벤트가 열리는 곳이었고, 세계적으로도 세계 타이틀 매치 복싱 경기장으로 유명했다. 거기서 공연하는 것은 뮤지션에게 일종의 훈장이어서 모든 록 밴드의 꿈이다. 처음 무대에 올라 환호하는 미국 팬들 앞에 서니 정말 숨이 막혔다. 투어 공연을 다니다 보면 '신경' 조절에 익숙해진다(흥분의 시간이 조금 지나면 팀과 자신을 신뢰하게 되니까). 하지만 때로는 '정상적'으로 감당이 안 되는 날도 있는데, 이 밤이 그랬다.

공연 전의 MSG. 연속 촬영 샷. 누가 일하고 있는지 보인다!

발이 무대 바닥에서 7,8센티미터쯤 둥둥 뜬 기분이었다고 기억한다. 그날 공연의 녹음을 들어 봐도 우리가 내일은 없는 것처럼 무서운 속도로 맹렬히 연주하는 걸 알 수 있다. 그날 밤 청중의 압도적인 환호성, 팀으로서 우리를 열렬히 인정하는 소리.

역사를 압축해서 이야기해 보자. 그로부터 꼭 1년 후 다시 퀸의 MSG 공연이 잡혔고, 나는 가족과 그 경험을 나누고 싶었다. 아버지는 내가 '레드 스페셜'을 멋지게 만들 수 있게 이끌었지만, 내가 '팝스타'나 되려고 과학계 커리어를 포기한 실망감을 아직 떨치지 못했다. 나는 가족을 공연에 초대하기로 했다. 부모님과 아내와 갓난 아들을 콩코드기에 태워 뉴욕으로 모셔 왔다. 콩코드는 음속의 두 배로 비행하는 초음속 여객기다. 아버지는 오랫동안 콩코드기의 획기적인 계기착륙 장비 제작에 참여했지만, 직접 탑승할 수 있는 형편이 아니었다. 그들을 뉴욕에서 가장 유명한 호텔에 투숙시키고, 룸서비스를 주문하라는 메모도 남겼다(의기양양한 아들!). 하지만 아버지의 못마땅한 마음은 변하지 않았다. 그날 밤 가족은 청중 속에 있었고, 공연이 끝난 후 아버지가 백스테이지에 찾아왔다. 눈물 고인 눈으로 내 손을 잡고 악수했다(그게 아버지 스타일이었다). 그러면서 말했다. "그래, 알았다." 그 순간부터 그는 내가 선택한 인생을 흔쾌히 대견해 하고 행복해 했다. 소중한 획기적인 사건이었다.

자기 '보스'의 티셔츠 모델이 된 빅 리치

아! 모두 모였네. 여기 완전체가 있다. 바로 MSG에서! 우리를 뒤에서 돌봐주는 친구들. 크리스털, 넛저, 리치, 래티.

철문 뒤에서 휴식 중인 프레디와 로저. 스테레오 사진이 아니어서 죄송!

로저와 도미니크, 1977년 2월 뉴올리언스에서

폴라로이드 사진을 보는 프레디와 친구들, 1977년 뉴얼리언스

프레디와 작업 중인 조명 디자이너 조이 트라바토

나와 일본인 통역사 치카, 1977년 3월 골든게이트 브릿지에서

메리 오스틴과 프레디, 밝게 웃는 존도 보인다. 1977년 3월 개인 전용기에서

1977
북유럽에서

멤버들은 내가 찍은 3D 사진들에 부쩍 관심을 보였다. 프레디는 원래부터 사진을 좋아했다. 모든 종류의 사진을 사랑했는데, 처음 폴라로이드 카메라와 필름이 생기자 가장 즐거워했다. 잔뜩 들떠서 모든 친구들을 찍고 즉석에서 사진을 내밀었다. 프레디가 사진 촬영을 즐겼다는 증거가 필요하다면 바로 여기! 내가 스테레오 리얼리스트로 이 순간의 프레디를 찍는 사진이 어디 있을 텐데. 프레디가 한 번은 그의 노래가 1회용이라고 농담조로 말했다. 그는 '수집'용이 아닌 '찰나'를 즐기기 위해 폴라로이드 사진을 찍었다.

나를 폴라로이드 사진기로 찍고 있는 프레디, 스웨덴 헬싱보리에서…

…페리를 타러 가는 길이었다. 1977년 5월 11일

헬싱보리와 헬싱외르 사이를 오가는 페리에서 로저와 프레디, 1977년 5월 11일

클로즈업한 프레디, 옆은 개인 비서인 폴 프렌터.

『햄릿』의 배경인 '엘시노어 성'

1977년 5월 11일, 스웨덴 헬싱보리에서 덴마크 헬싱외르로 가는 페리에서 촬영한 사진들이다. 스웨덴에서 이미 두 차례의 공연을 마쳤고, 코펜하겐에서 하룻밤 공연이 예정되어 있었다. 왼쪽 맨 아래 사진은 우리가 크론보르 성Kronburg Castle으로 향해가는 모습이다. 셰익스피어가 '엘시노어 성Elsinore Castle'이라고 이름 붙여 『햄릿』의 배경으로 등장시켜서 영원불멸해진 곳.

5월 17일 로테르담의 아호이Ahoy 아레나로 이동해서 연주했다. 이튿날 퀸을 위한 EMI의 리셉션이 '데 스타드 로테르담De Stad Rotterdam'이라는 배에서 열렸다. '더 스피디The Speedy'로도 알려진 배에서 이벤트 「Queen Rules the Waves! (퀸이 바다를, 변화를 지배한다!)」가 개최되었다. 우린 네덜란드에서 싱글과 앨범이 판매된 결과로 38장의 실버, 골드, 플래티넘 디스크를 받았다. 네덜란드는 아주 초창기부터 퀸을 가장 꾸준히 오랫동안 인정해 주는 나라로 손꼽힌다.

코펜하겐에서 택시에 탄 존

멋진 프로펠러 옆에서 포즈를 취한 프레디

에이스 조종사, 프레디!

전 용어. 대형 아레나나 스타디움에서 음향을 퍼져나가게 하는 대형 스피커 시스템)를 구입했고, 품질 좋은 PA 시스템이 생기자 라이브 공연에서 의도한 소리와 비슷한 음향을 낼 수 있었다. 엄청난 거액은 아니었지만 당시 엄청난 변화를 가져왔다. 현금이 생겼을 뿐 아니라, 누군가 우리를 투자 가치가 있다고 생각한 것에 우쭐해졌다. 엄청난 일이지 않은가. 흥분되기도 하고. 음악 비즈니스의 상황을 힐끗이나마 내부에서 봤으니까. 펠드만 사무실에서 계약하던 순간이 기억난다. 로니가 말했다. "흠, 실례하겠네. 딥 퍼플 친구들에게 큰 거 백 장을 저작권료로 줘야 해서." 아마 우리의 표정을 재미나게 구경하려고 일부러 그렇게 말했겠지. 우리의 영웅인 이언 페이스Ian Paice가 수표를 받아갔다. 어쨌든 퀸도 '음악' 계약을 하고 라이브 공연에 필요한 장비도 갖췄으니, 다음 단계로 음반 계약을 기대했다. '업계'에 진출하려면 음반 계약이 필수였다. 길고 괴롭고 힘든 과정이었다. 그 이야기의 수렁에 빠지기 싫다면 몇 문단 건너뛰고 읽으시길.

처음에는 자신감이 컸지만 업계에 인맥이, '진입로'가 없었다. 직접 곡을 쓰고 소공연을 하는 우리는 레드 제플린Led Zeppelin이나 크림Cream, TV 스타인 슬레이드Slade 같은 성공한 거대 밴드들과는 상황이 매우 달랐다. 큰 라이브 공연을 하지 않으면 메이저 음반사의 관심을 못 받는데, 음반 계약을 하지 않으면 큰 공연장에 못 섰다. 그야말로 진퇴양난의 상황. 그때 한 번의 기회가 찾아왔다. 내 여자 친구 메리 데이비스Mary Davies가 테리 이던Terry Yeadon을 소개했다. 파이 레코즈Pye Records의 녹음 기사인 테리는 신생 녹음실인 드 레인 리 스튜디오De Lane Lea Studios와의 비공식 거래를 주선해 주었다. 그곳은 막 웸블리에 녹음실을 완공한 참이었다. 우리가 녹음실에서 소음을 내서 방음 장치를 테스트해 주면, 그 대가로 녹음실을 사용해서 데모 트랙을 만들어도 좋다는 내용의 거래였다. 루이 오스틴Louie Austin은 〈킵 유어셀프 얼라이브Keep Yourself Alive〉와 〈라이어Liar〉를 포함해 다섯 곡을 녹음해 주었다. 음악적으로 신인답지 않게 '재주꾼'이었던 우리들은 루이와 공동으로 제작했다.

친구인 리버풀 사람 켄 테스티Ken Testi가 녹음 테이프를 들고 여러 음반사의 문을 두드렸다. 반응들이 거의 다 이랬다. "안 되겠는걸. 아주 멋지긴 한데 우리가 찾는 음악은 아니에요." 소규모 독립 제작사인 트라이던트 오디오 프로덕션(TAP. Trident Audio Productions)만 관심을 보였다. 퀸의 '임페리얼 대학 강의실' 공연을 본 존 앤터니John Anthony 덕분이었다. 로저의 친구인 존은 퀸의 음악을 좋아했다. 그가 TAP의 녹음 엔지니어인 로이 베이커Roy Baker를 데려왔다. 로이는 이전에 데카Decca에서 일할 때 이미 프리Free의 〈올 라잇 나우All Right Now〉, 마크 볼란Marc Bolan의 〈겟 잇 온Get It On〉 등 많은 곡을 작업했다. 존과 로이의 추천으로 트라이던트는 독립 제작사로서 퀸과 계약하려고 했다. 그들이 우리 곡을 메이저 음반사에 판매한다는 계획이었다.

TAP의 운영자는 (존 앤터니가 '배로우 보이스Barrow Boys'라고 불렀던) 노먼과 배리 셰필드Norman & Barry Sheffield 형제였다. 그들은 첫 비디오 회사를 세우는 중이었고, 록 뮤직과 팝 뮤직 녹음실로는 가장 성공한 스튜디오를 운영하고 있었다. 당시에는 너저분했던 소호 지역의 워더 스트리트 인근 '세인트 앤스 코트St.Anne's Court'에 녹음실이 있었다. 우리와 트라이던트의 관계는 긴 이야기이고 해피엔딩이 아니었다. 하지만 기본적으로 그들이 퀸의 매니지먼트와 제작을 맡았고, 출판권도

EMI 뮤직과 공동으로 소유했다. 트라이던트가 세 부문 이상을 차지한 것인데, 그것은 윤리적으로든 법률적으로든 옳지 않았다. 우리가 음반사와 논쟁을 벌일 때 지렛대가 없는 셈이니까. 논쟁에서 우리를 대변할 유일한 당사자가 그 음반사라는 말이다. 음반사를 상대하게 도와줄 매니저가 없는 것이다. 당시 로니 벡의 회사는 EMI가 아니라 펠드만 뮤직이었고, 나중에 EMI 뮤직으로 넘어갔다. 그래서 우린 트라이던트-펠드만과 공동 거래를 했고 그들이 퀸의 출판권자들이었다. 그런 식으로 돌아갔다. 트라이던트는 퀸의 매니저였고, 테이프를 가지고 있으니 사실상 음반사이기도 했다.

이렇게 트라이던트와 계약하고 이듬해 첫 앨범을 만들었다. 그러자 음반사를 섭외하는 과정이 다시 시작되었다. 상황은 이전과 달라졌다. 우선 음악을 들고 음반사들을 찾아다니는 당사자가 트라이던트였고, 퀸은 아무런 발언권이 없었다. 모든 권리를 트라이던트에 넘겨서, 그들이 음악을 재판매하는 것이니까. 또한 참으로 묘하게도 이제 '업계'에 퀸의 소문이 파다했다. 라이브 공연에서 큰 반응을 얻은 덕분이었겠지. 갑자기 퀸이 세간에 오르내리는 상품이 되었고 값이 매겨졌다. 어찌어찌하여 트라이던트가 한 영국 음반사와 계약 직전까지 갔는데, 로이 페더스톤에게 전화가 걸려왔다. 내가 알기에 당시 휴가 중이었던 로이가 "나랑 이야기할 때까지 아무 짓도 하지 말게. 내가 밴드와 계약하지"라고 말했다. 그렇게 트라이던트를 중개인으로 내세운 퀸이 EMI 레코드와 계약하게 되었다.

퀸의 초기 커리어에 로이 페더스톤은 대단히 중요한 인물이다. 브리타니아 이벤트는 우리가 상을 받으면서 로이를 제대로 알 좋은 계기였다. 첫 음반 계약 이야기를 마저 하자면, EMI가 음반을 출시했지만 우리와의 직접 계약이 아니었다. 아티스트는 퀸이래도 사사건건 제 3자인 TAP를 거쳐야 했고, 시간이 흐르면서 음반사와 직접 소통하지 못하는 게 큰 골칫거리가 되었다. 늘 TAP를 통하는데 그들이 도움이 되지 않는 때가 많았고, 게다가 퀸의 앨범 계약금도 착복했다! 그러니 아주 어려운 상황이었다. 스스로 매니지먼트에 노련하지 못한 것을 아는 TAP는 미국 음반 관계자인 잭 넬슨Jack Nelson을 고용해서 사태를 정리하려 했다. 그렇게 잭이 이 난장판을 정리할 적임자로 투입되었다. 로이 페더스톤과의 계약을 마무리지은 것이 아마도 잭일 것이다. 여전히 그와 나는 좋은 친구다. 나중에 알았지만, 상황은 이보다 훨씬 복잡했다. TAP가 퀸뿐 아니라 다른 두 밴드까지 묶은 패키지 딜을 시도했던 것이다. 하지만 EMI는 퀸만 원했고, 그래서 교착 상태가 하염없이 길어졌음이 나중에야 밝혀졌다. 결국 우리가 협상에서 매우 부당한 어려움을 겪은 것인데, 당시에는 이런 사실을 전혀 몰랐다.

퀸과 트라이던트의 관계는 세 번째 앨범 《쉬어 하트 어택Sheer Heart Attack》과 싱글 《킬러 퀸Killer Queen》이 크게 동반 성공을 거두었을 때 최악으로 치달았다. 그야말로 총체적 난국이었다. 소문은 떠들썩하게 났지만 우린 여전히 돈은 구경도 못 했다. 아직도 트라이던트가 주는 주급 20파운드로 살았고, 여전히 EMI와 직접 소통할 수 없이 답답한 상황이었다. 여기서 〈데스 온 투 렉스Death on Two Legs〉 같은 노래가 나왔다. 프레디가 셰필드 형제에게 보내는 의미심장한 메시지가 담겼다. TAP 계약이 해지되기 전에는 한 소절도 부르지 않겠다는 내용이다. 이때 젊은 변호사 짐 비치Jim

Beach가 등장했다. 그는 퀸이 트라이던트와 계약을 파기하고 존 리드John Reid(당시 엘튼 존의 매니저)를 퀸의 새 매니저로 영입하는 협상에 돌입했다. 존은 이렇게 말했다. "내게 맡기라고, 친구들. 돈 문제는 내가 정리할 테니까, 여러분은 가서 최고의 음반을 만들고 그런 후에 같이 세계를 정복하자고." 당시에도 우리가 여전히 막대한 빚에 허덕였다는 사실을 아시기를. 겉으로는 부유하고 성공해 보였지만 사실 모든 사람에게 빚을 졌고 헤어날 길을 찾지 못하던 참이었다. 그러니 그 순간이 얼마나 기뻤겠는가. 대전환점이었다. 존 리드는 약속을 지켰다. 그는 퀸을 대신해 EMI와 새 음반 계약을 협상했다. 퀸은 마음 놓고 여러 스튜디오를 돌면서《어 나이트 앳 디 오페라A Night At The Opera》를 만들었다.

'마이애미' 시기

그랬다, 옳은 결정이었다. 존 리드 군단의 새로운 지원으로《어 나이트 앳 디 오페라》와 투어는 잘 굴러갔고, 우린 빠르게 달려 나갔다. 하지만 역시나 문젯거리가 생겼고 2년도 안 된 1977년, 존 리드와의 협상을 타결하고 계약을 성사시켰던 짐 비치(프레디가 그에게 "마이애미!"라는 별명을 지어 주었다)는, 이제 계약 파기 협상에 돌입했다! 우린 존 리드와 계약을 해지하는 '포기' 동의서에 서명했다. 로저가 (처음으로) 새로 구입한 전원주택의 마당에 주차된 프레디의 (첫 번째) 새 롤스로이스 뒷좌석에서! 신곡〈위 윌 록 유We Will Rock You〉의 비디오를 촬영하다가 로저의 정원에 (눈 속에서) 핀 철쭉꽃 사이에서 휴식하던 참이었다. 그 순간 우리는 그간 겪은 매니지먼트 같은 계약은 그만하자고 결정했다. 궁극적인 힘은 우리 넷만 갖기로 다짐했다. 그래서 1978년 그런 의도로 짐 비치를 전담 매니저로 영입했다. 계약서 대신 간단한 악수를 나누었고, 영국 '밖에서의 한 해'를 시작했다. 남프랑스와 몽트뢰에서 로이 베이커를 프로듀서로 녹음에 들어갔다. 이 녹음의 결과로 나온 앨범은 활기찼다. 40년이 지난 요즘도 우리와 짐 비치는 1977년 못지않게 굳건한 사이다.

짐 '마이애미' 비치. 그가 2016년 서런던 배터시 지역에서 계약과 미래의 세부사항을 분석하고 종합해서 말하고 있다.

1977

북미 투어의 피날레

조명 장비 '크라운', 디트로이트에서 1977년 11월 18일

현장에 약간의 변화가 생겼다. 1977년 초 퀸은 미국에서 아레나 공연을 시작했다. 그해 연말, 아래 사진에서 보이는 장소 같은 (디트로이트의 코보 홀Cobo Hall이다) 아레나에서 여러 날 공연을 했다. 이틀 밤 공연이 매진되었다. 코보 홀(현재는 '코보 센터'로 불린다)은 당시나 지금이나 전형적인 다용도 아레나로 록 콘서트에 이상적이고, 유명한 록큰롤 고장인 미시건 주 디트로이트의 열렬한 청중에게 딱 어울리는 공연장이다. 디트로이트는 산업 도시다. 그래서인지 지역 공동체들이 특별한 열기를 발산한다. 영국 셰필드와 비슷하다. 공연에서 장관이 연출된다. 우리가 투어에서 사용하는 '크라운' 장비가 가장 잘 보여지는 사진이어서 여기 실었다. 미국에서 크라운을 사용한 건 1977년 투어 한 번뿐이었다. 스테레오 카메라가 아니라 어안렌즈로 촬영한 컷이지만, 그 스케일을 생생하게 느끼기에는 부족함이 없다.

토론토 CN 타워 꼭대기에서, 1977년 11월 20일

퀸에게 캐나다는 늘 대단한 나라다. 1977년 11월 21일 토론토의 유명한 메이플 리프 가든스Maple Leaf Gardens에서 연주했다. 아찔하게 높은 캐나다 국립 타워Canadian National Tower가 갓 생겼을 때다. 최근에 딸과 다시 방문해서 '스카이 워크'를 걸었는데, 아찔한 건 여전했다. 빌딩 꼭대기 전망대 밖에 움직이는 체인 시스템으로 설치된 통로다. 두려워서 심장이 오그라들지만, 그만큼 짜릿한 경험! 큰 믿음과 용기가 있어야 시도할 수 있는 일이다.

당시 CN 타워는 세계 최고층 빌딩(그러니까, 지주 없이 세운 최고 구조물)이었다. 지금은 아니다. 두 바이와 도쿄의 새 건축물들에 그 자리를 내주었다. 하지만 여전히 토론토를 구경하는 멋진 방법 이다. 우리가 투어 하는 이 도시가 어떤지 곳인지 단번에 느낄 수 있는 장소니까. 그게 아니면 어디가 어딘지 희미하다!

대범한 성격대로 아찔한 높이 따위에 움츠러들지 않는 로저

사진 왼쪽의 큰 사내 폴 코르질리우스Paul Korzilius는 당시 내 경호원이었고, 지금은 내 친구다. 그는 본조비의 투어 매니저였다. 여전히 그럴 것이다. 뒤쪽은 밴드를 지원했던 피트 브라운.

CN 타워에서 토론토 전경을 감상 중인 로저

그리 높이 올라가면서도 난 스테레오 리얼리스트를 가져갔다! 내려다보는 로저 뒤로 현기증 나는 광경이 3D로 보인다.

이제 셀카로 실험한 사진들. 이 촬영은 기억나지 않는다. 스테레오 촬영에 싫증났던 것 아니냐고? 흠, 그건 아니고. 3D로 멋진 장면을 만들면 항상 아이 같은 전율이 느껴진다. 그리고 물론 난

3D 셀피 유령들

늘 이런 '유령' 이미지를 만드는 데 매료되었다. 3D 이미지와 관련된 모든 것들처럼, 이 아이디어도 역시 1850년대에 시작되었다. 1856년 렌티큘러 스테레오스코프lenticular stereoscope[렌즈형 입체뷰어]의 공동 발명가인 데이비드 브루스터David Brewster(스테레오스코피의 진정한 아버지는 찰스 휘스톤Charles Wheatstone이지만 그건 다른 이야기다)가 제시한 방법이다. 가장 단순하게 설명하자면, 유령 이미지는 이중 노출이다. 한 사람을 촬영한 후 비키게 하고, 카메라를 움직이지 않고 첫 번째 노출위에 사람이 없는 장면을 다시 찍는다. 평면 촬영도 되지만 3D에서 훨씬 놀라운 효과를 낸다. 유령(같은 형상) 뒤에 있는 것을 문자 그대로 들여다볼 수 있기 때문이다. 한 화면에 유령 셋을 담아조금 뒤에서 포착했다. 필름으로 찍었다는 점을 기억해 주기를. 필름을 현상액(혹은 인화기)에서꺼낼 때까지 실험 결과를 확인할 길이 없었다. 요즘은 다들 그러듯 디지털 이미지를 이용해 컴퓨터에서 포토샵으로 사진 넉 장을 구성해 쉽게 뽑을 수 있다. 흠, 해 봐야지!

자, 공중에 글자를 쓰고 있다. 이번에도 다른 곳을 3D로. 역시 이중 노출이다. 한 번은 몇 초간 길게 노출해서 허공의 작은 플래시 빛을 포착하고, 한 번은 더 짧게 '아티스트'를 포착한다.

3D 공간에서 글쓰기

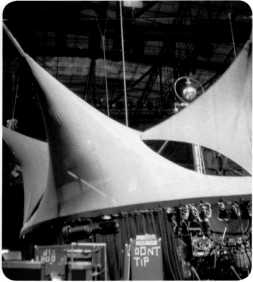

뒤쪽에서 본 크라운. 워싱턴 DC의 캐피탈 센터에서 1977년 11월 29일

디키의 품에 안긴 꼬마 로버트가 산타클로스 인형을 보고 즐거워하고 있다. 1977년 12월 14일

무대 안팎에서 찍은 사진들. 먼저 '크라운'의 멋진 모습. 저 링 안에서는 연기와 드라이아이스를 가둔 막이 올라가면서 쇼가 시작되는 순간이 보인다. 아래는 라스베이거스에서 두 사랑스러운 영혼(존의 아들 로버트와 산타클로스)의 만남. 물론 라스베이거스에서는 모든 게 리얼하다!

또 다른 셀카 실험! 이번에는 원격 셔터 장치를 들고 있지 않다. 하지만 리얼리스트에 부착하는 '컹크테이터Cunctator'를 막 발견한 참이었을 것이다. 물론 이즈음에도 이미 구식이었지만, 난 리얼리스트 카메라에 맞는 뛰어난 장비들을 구할 수 있었다. 컹크테이터가 뭐냐고? 태엽장치인데 시간이 지나 셔터가 작동되게 한다. 요즘이야 디지털 스마트폰에 다 장착되어 있지만, 당시에는 근사한 마법 같은 기술이었다.

라스베이거스 알라딘 호텔에서 컹크테이터로 장난. 1977년 12월

라스베이거스의 사막

우리가 투숙한 알라딘 호텔 앞 도로에 퀸 광고판이 서 있었다.

알라딘의 입구

라스베이거스!! 기억에 남을 밤. 알라딘 씨어터Aladdin Theatre 공연장에서. 우린 이 투어의 시작을 드라마틱하게 하고 싶었다. 내가 크라운 밖에서 올라가 단상으로 들어가고 프레디는 다른 쪽에서 등장하고. 거기서 프레디가 〈위 윌 록 유We Will Rock You〉를 부르기 시작하면 내가 기타 연주를 하고 모든 조명 장비(크라운!)가 동시에 켜지며 연기와 불꽃이 터지고!

뭐, 그날 밤 나는 올라갔고 (아주 멋을 내면서 말이지) 화려한 코드를 연주했는데…… 아무 소리도 나지 않았다. 당황했느냐고? 조금! 물론 록 투어 중에는 별별 실수가 일어난다. 영화 「스파이널 탭Spinal Tap」에서 그런 상황이 잘 풍자된다. 하지만 웃어넘기고 계속 밀고 나갈 수밖에.

라스베이거스 모래 바람 속의 '퀸 공연 안내' 간판

사랑하는 친구이자 싱어송 라이터인 린 캐리 세일러Lynn Carey Saylor가 알라딘 호텔이 '플래닛 할리우드'로 변했다고 알려 주었다. 1998년에 극장을 철거하고 쇼핑몰을 지었다고. 이 사진은 많은 말을 품고 있다. 먼지바람 속에 사막이 보인다. 보다시피 1977년 라스베이거스는 사막 속 '스트립[번화가라는 뜻. 라스베이거스 도심 번화가를 부르던 명칭이기도 하다]'에 불과했다. 8백 미터쯤 되는 도로에 호텔과 볼거리가 늘어서 있고, 중심가에서 떨어진 주거지가 몇 군데 있었다. 놀랍도록 좁고 사방이 사막이었다. 21세기 라스베이거스는 미국에서 발전 속도가 가장 빠른 넓게 뻗어가는 도시다. 이제 나대지는 보이지 않는다. 대지마다 호텔이 있다. 라스베이거스에 가 보지 않은 사람에게 설명하기가 어렵다. 비현실적 분위기가 감돌고, 소형 에펠탑와 쿠푸 왕의 피라미드를 비롯해 인공적인 풍경이 펼쳐진다. 맨해튼도 있고 전 우주가 보도로 연결된다. 그 안에 시계는 존재하지 않고 도박이 왕이다. 요즘은 오락시설이 확충되어 가족 여행지로 변했지만, 그래도 꿈꾸는 관광객들이 카지노에서 쓰고 가는 어마어마한 돈으로 라스베이거스가 굴러간다. 우리의 방문은 쏜살같이 흘러갔다. 록큰롤은 라스베이거스를 잠깐 동안 다른 형태의 광란으로 몰아넣었다. 이 사진들을 찍은 시기로부터 한참 후에, 우린 작가 겸 감독인 벤 엘튼Ben Elton과 몇 주를 행복하게 보내면서 베이거스 「위 윌 록 유We Will Rock You」 쇼를 발전시켰다. 공연장은 패리스 호텔의 패리스 씨어터Paris Theatre였다 (맞다, 에펠탑이 있는 호텔!) 대단한 버전의 쇼였지만 당시에는 장기공연으로 끌고가기 어려웠다. 우리 쇼는 주요 비즈니스(슬롯 머신과 카지노)의 미끼에 불과했다.

빅 폴(폴 코르질리우스)의 어깨에 탄 프레디, LA 포럼에서 1977년 12월 22일

LA 포럼은 1977년 투어의 마지막 공연장이었다. 폴은 대개 다스 베이더나 슈퍼맨 역할을 했는데, 그날 밤은 산타클로스였다!

무대 위의 크리스마스 축하, 1977년 12월

이상한 감정이 밀려든다. 이 일에 대해서는 할 말이 많다. 우린 21세기라는 아주 어둡고 불확실한 시대에 산다. 하지만 자유를 부인하는 상징, 유럽의 훌륭한 도시에 찍혔던 무서운 오점이 사라져서 다행스럽다.

이후 장대한 취리히의 할렌슈타디온Hallenstadion에서 공연했다. 공연장을 꽉 채운 청중들이 전부 라이터를 켜서 우리를 맞았다. 처음이었고 그 광경이 지금까지 내 마음에 남아 있다.

1978년 5월 웸블리에 설치되었던 크라운. 1977년 얼스 코트의 것이 아니라, 투어에 가지고 다녔던 장비다.

웸블리 아레나

다시 영국으로 돌아왔고, 1978년 4월 11일에서 13일까지 웸블리 아레나Wembley Arena에서 열린 세 차례 공연이 매진되면서 투어의 정점을 찍었다. 원래는 1934년 대영제국 대회British Empire Games[4년마다 개최되는 영연방 경기대회]를 개최하려고 지은 엠파이어 풀 웸블리Empire Pool Wembley였다. 지금도 있고, 넓이가 가까이에 있는 새 웸블리 스타디움Wembley Stadium에 맞먹는다. 몇 년 전 거액을 들여 보수했는데, 내부 전체를 180도로 돌려서 현재의 무대는 예전과 반대 방향이다. 그 밑에 여전히 수영장이 있고 다른 것은 크게 변하지 않았다. 괜찮은 분장실도 여전히 없고! 그래도 공연하기 좋고 분위기도 근사하다. 길쭉한 직사각형이어서 콘서트홀로는 나쁜 형태이기에, 뒤쪽에서 아레나의 중앙부와 마주앉으면 어떤 느낌인지 상상만 해도 끔찍하다. 하지만 대부분의 관객은 즐거운 경험을 한다. 영국에 대형 콘서트를 할 만한 장소가 별로 없으니 웸블리 아레나는 여전히 소중한 장소일 것이다. 퀸이 거기서 몇 번이나 공연했으려나. 아…… 열 번은 확실한데! 그렉[퀸 공식 기록 담당자인 그렉 브룩스], 고마워요.

나는 이 공연장에서 많은 다른 아티스트들의 공연을 보았고 때로는 일어나 같이 연주했다. 앨리스 쿠퍼Alice Cooper, 미트 로프Meat Loaf…… 좋은 시절이었다.

로이와 바바라 베이커, 그리고 브라이언과 크리시. 노포크에서 주말을 보내며. 로이는 퀸 앨범을 다섯 개나 제작했다.

의상 담당인 데인 클라크가 로저의 머리를 부풀리고 있다. 뛰어난 기술이 요구되는 작업이다!

몽트뢰의 마운틴 스튜디오스에 작업하러 온 프레디

베이커 일가의 파티에서

와, 다양한 사진들 중 이게(아래 사진) 마음에 든다. 오랫동안 잊고 있었는데. 프레디와 내가 한가한 시간을 보내고 있다. 여기가 어디고 둘이 무슨 이야기를 나누었는지 알려줄 수 있으면 좋으련만 아쉽다. 다만 프레디가 기타를 제법 잘 쳤다는 사실이 떠오른다. 초기에 그는 피아노 못지않게 기타를 이용해서 곡을 썼다. 그가 〈오우거 배틀Ogre Battle〉의 리프를 연주하는 모습은 볼 만했다. 업스트로크를 쓰지 않았으니까. 그 빠른 비트를 다운스트로크만으로 연주해서 유달리 활발한 느낌을 연출했다. 나중에는 거의 피아노로만 곡을 썼다. 하지만 물론 라이브 공연에서 "크레이지 리틀 씽Crazy Little Thing"을 부를 때면 음반 녹음 때처럼 프레디가 직접 기타를 연주했다. 오리지널 트랙에서 어쿠스틱 리듬의 기타 연주를 한 사람은 내가 아니라, 프레디였다! 그는 그 연주를 정말 잘했다. 피아노를 칠 때처럼 독특하고 흉내 낼 수 없는 분위기를 자아냈다.

기타의 입장에서도 멋진 순간이다. '허밍버드'인데 늘 내가 아끼는 어쿠스틱 기타다. 프레디가 기타를 연습시키는 중!

프레디와 나, 1978년 10월

그게, 퀸이 록큰롤 연주를 중단하고 재즈 연주를 시작한 건 아니었는데 말이지. 1978년 앨범의 타이틀을 《재즈》로 정했다. 유럽 곳곳을 돌며 영향을 받은 여러 스타일이 어우러져 음반에 담겼기 때문에 적절한 이름 같았다.

지금부터는 더 많은 3D 공연 사진이 나온다. 내가 공연 중에 스테레오 리얼리스트를 전문 사진작가들에게 넘겼기 때문이다. 주로 퀸의 공식 투어 포토그래퍼였던 닐 프레스톤이 맡았다. 그렇게 딱 프레디다운 사진이 탄생했다. 우린 그것을 이 책의 표지로 선택했고, 스테레오 전문가인 데이비드 버더David Burder의 도움을 받아 렌티큘러 프린트로 제작했다.

1978년 프레디는 짧은 머리의 강렬한 새 이미지로 변신했다. LSC의 퀸 3D 카드 세트, 시리즈1 중에서.

1978년《재즈》미국 투어. 로저의 베이스 드럼에 붙은《뉴스 오브 더 월드News Of The World》재킷 속 이미지를 눈여겨보시길. 유럽에서는 이 드럼을 쓰지 않았다.

프레디는 흩날리는 머리와 잔드라 로데스 의상과 완전히 결별하고, 이제 전형적인 게이 아이콘 이미지를 당당하게 표현했다. 그런데 여성 팬들의 더 큰 사랑을 받았다! 이 사진은 요즘 무대에서 아주 유명한 인물을 연상시킨다.

강렬한 '피자 오븐' 조명(우리끼리 그렇게 불렀다) 앞에서 장엄한 실루엣을 연출한 프레디. 〈위 아더 챔피언스We Are The Champions〉를 부르는 중이다. 쇼의 맨 끝에만 유일하게 이런 구성의 조명을 동원했다. 아래는 마지막 순간에 무대 옆쪽에서 본 광경.

아래는 LSC가 스테레오 카드로 복구해서 12장 세트로 출시한 이미지들 중 일부다. 부엉이 안경으로 볼 수 있다. 다행히 팬들이 좋아해 주었다.

"여러분 고마워요!" 브라이언 드림.

이 사진에 대해 무슨 말을 할 수 있을까?《라이브 킬러스Live Killers》(아는 사람이 많지 않다. 지금까지는!)의 재킷 앞면 사진이면서, 코 헤이스비Koh Hasebe의 대단한 작품이다. 작열하는 '피자 오븐' 장비의 화려함을 생생하게 보여준다. 와이어에 줄줄이 달린 백열전구가 환하게 불을 켠 아래에 서 있으면 엄청나게 뜨거운데, 연주하기에는 좋은 환경이었다. 분위기가 충만했으니까. 장비들은 와이어에 매달려 움직였다. 공연 말미에 조명등 전부가 청중석을 비추자 관객들도 함께 '구워졌다'. 극단적인 경험으로 정말 즐거운 일이었다. 그날 무대에는 최대 분량의 조명등이 설치되었다. 당연히 최대로 재미있었다.

이 조명등들이 각각 단색이었음을 기억하자. 요즘에야 조명 색깔을 바꾸는 일이 아주 쉽지만, 당시는 초록색은 항상 초록색이고 빨간색은 항상 빨간색이었다. 이런 색감을 내는 젤라틴 필터가 고정되어 있었다. 유일하게 변화를 줄 수 있는 방식이 '켜기' 그리고 '끄기'. (아, 어둡게 하기도!) 그래서 우린 이런 국기 같은 색깔의 조명을 디자인했다. 가끔은 신호등이라고 불렀다. 우린 록무대에 멀티컬러 '꼬마전구'가 안 어울린다고 확신했기에 색깔을 섞지 않았다. 대담한 색감으로 가는 것, 그게 퀸의 확신이다. 조명 감독이 너무 머리를 써서 다양한 색깔을 섞기 시작하면 우린 "아니, 호박색을 쫙 뿌리면 좋겠어요"라고 말했다. 위스콘신 주 매디슨에 레드 제플린의 공연을 보러 갔다가 영감을 받았다고 보면 될 것이다. 정식으로 투어하는 밴드가 되기 전이었고 우린 "와아, 언젠가는 우리도 여기서 연주할 날이 오겠지"라고 생각했다. 하키 경기장이었는데 아니나다를까 나중에 퀸은 계속 거기서 공연했다. 제플린의 쇼는 아주 웅장했는데 조명 장치는 아주 간단했다. 반쪽짜리 공처럼 생긴 장비 안에 밴드가 서 있었다. 아마 그들이 〈카쉬미르Kashmir〉를 연주했던 것 같다. 각기 다른 코드가 나올 때 코드마다 다른 색 조명이 켜졌는데 효과가 어마어마했다. 돌아가는 바퀴를 만들거나 별나게 디자인할 필요가 없이 극적인 효과만 내면 그만이었다. 그게 조명에 대한 퀸의 철학이었고 지금도 마찬가지다.

'브라이튼 록'에서 팀파니 독주를 하는 로저

《뉴스 오브 더 월드》의 로봇을 모델로 만든 희귀한 프로모션 아이템.
(원래는 프랭크 켈리 프리스가 『어스타운딩 사이언스 픽션Astounding Science Fiction』의 표지로 그렸던 것이다.)

1979
철의 장막 너머,
그리고 레드 스페셜

프랑크푸르트 공연은 예나 지금이나 '놀라움을 초월'한다. 사진 속 투어 외에도 프랑크푸르트 공연 때마다 페스트할레Festhalle에서 연주했다. 꽉 들어찬 열렬한 독일의 퀸 팬들이 들썩이며 에너지를 뿜어냈다. 청중이 발을 구르면서 손뼉을 치면 장관이다! 페스트할레는 기념비적인 장소다. 일단 음향이 훌륭하고 웅장한 대강당이다. 하지만 그뿐이 아니다. 페스트할레는 청중의 긍정적 에너지를 증폭시키는 연주장이지만, 한편으로는 아돌프 히틀러가 승리 연설을 한 곳이기도 하다. 히틀러가 섰던 연단이 지금도 거기 있다. 그래서 거기서 연주할 때마다 기분이 이상하다. 거대한 벽 속에 아주 강력한 기운이 들어 있었던 것은 두말하면 잔소리다.

음향 점검 시간에 무대 옆에 다소 침울하게 서 있는 나. 어디냐면…… 슈투트가르트.

공연이 끝난 후의 페스트할레, 프랑크푸르트

1979년 2월 2일

퀸 콘서트가 끝난 후의 프랑크푸르트 페스트할레 풍경. 작업용 조명을 켜니 축제를 즐긴 퀸 팬들이 남긴 쓰레기가 보인다. 공연을 끝마치고 호텔로 향하다가 잠시 되돌아간 공연장에서 몇 장 찍었을 것이다. 아래 장면을 찍으려고 히틀러의 연단에 올라섰다.

다음 사진은 프랑크푸르트의 어느 호텔에서 케이블 릴리스를 시험 중인 나. 3D 카메라로 촬영하긴 했지만 스테레오 리얼리스트는 아닌 듯하다. 일로카일 가능성이 크지만 방식은 똑같다. 초고성능 고품질 렌즈가 장착된 카메라다. 긴 케이블 릴리스[손을 대지 않고 셔터를 작동시키는 케이블]을 막 구입한 참이었다, 물론 자동으로. 요즘은 블루투스 등으로 손쉽게 조작할 수 있겠지만, 이 장비는 긴 튜브의 한쪽 끝에 셔터 릴리스가 달려 있고 움직이는 피스톤이 들어 있었다(자전거 브레이크 케이블과 흡사하다). 튜브의 다른 쪽 끝에 플런저[막대 피스톤]가 달려서, 이것을 누르면 멀리서 셔터가 작동되어 셀카가 찍혔다.

긴 케이블 릴리스로 찍은 셀카와 정물(!). 1979년 1월 프랑크푸르트에서

자그레브의 멋진 장난감 상점에서 존과 피트 브라운

이 투어의 획기적인 사건은 당시에는 유고슬라비아Yugoslavia였던 두 도시, 자그레브Zagreb와 류블랴나Lubliana에서 공연한 일이었다. 이 도시들을 거니는 것만으로도 이상하고 색다르고 새로웠다. 이제껏 가 본 유럽 도시들과는 확연히 다른, 새로운 세상에 있는 느낌이었다. 자갈이 박힌 거리들과 런던에서는 내 어릴 적 이후로 사라진 트램이 달리는 모습에서 과거로 돌아간 것 같은 향수를 느꼈다. 우린 금지된 '철의 장막Iron Curtain'에 바싹 다가가 있었고, 여기서 연주할 수 있는 서구 출신 팀들은 많지 않았다.

자그레브에서 근사한 장난감들을 발견했다. 지난 세기부터 거기 가만히 놓여 있었던 것 같은 놀라운 물건들이었다. 양철 장난감, 마법 같은 물건, 영국에서는 양철이 사라지고 플라스틱이 등장해 이제는 구경 못하는 보물들.

멤버들 모두가 이 끝내주는 가게에서 기념품을 샀고, 여기 3D로 생생하게 보인다. 아직도 상점이 거기 있는지 궁금하다. 길이가 무려 35cm가 넘는 '우주 시대' 양철 자동차를 사지 않을 도리가 없었다. 예쁘게 두드려서 만든 장난감의 중앙부에 굴뚝인지 환기통이 있다. 스위치를 넣으면 차가 움직이면서 굴뚝에 올린 공(한 세트였다)이 솟구쳤으니, 차체 내부에 회전팬이 있는 게 분명했다. 천재의 솜씨다! 끔찍한 전쟁이 일어나 유고슬로비아가 세르비아Serbia, 몬테네그로Montenegro, 슬로베니아Slovenia, 크로아티아Croatia 등으로 분리되기 전이었다.

자그레브에서 만난 환상적인 양철 장난감

이 무렵 여행의 일부 구간은 버스로 다니기로 했다. 도로에서 느낌 좋은 지역들을 만날 수 있기 때문이다. 난 여전히 투어 버스를 좋아한다는 말을 해야겠다. 느긋하게 여행할 수 있으니. 사실 버스 안에서 돌아다니면서 어울리다 보면 목적지에 금세 도착하곤 한다.

1979년 2월 독일의 투어 버스에서 「머핏 쇼Muppet Show」 감상. 로저, 존 에첼스 등의 뒷모습이 보인다.

브라이언과 피트 브라운의 파티 타임. 1979년 2월

어떤 행사였더라? 기억나지 않는다! 좋은 일이었겠지. 독일 레스토랑과 바를 순례하면서 냅킨으로 만든 파티 모자를 쓰는 것은 우리 팀의 전통이었다. 그 전통을 시작한 장본인은 떠들썩한 프로모터인 마이크 쉘러Mike Scheller.

1979년 2월 파리에서 하워드 로즈, 뱃지에 '거의 유명인'이라고 적혀 있다.

로저, 프렌터와 함께 있는 하워드 로즈Howard Rose가 보인다. 하워드는 성공한 미국인 에이전트이자, 우리 매니저 존 리드의 오랜 비즈니스 동료 겸 친구였다. 투어 생활 중반부, 여러 차례 미국 투어 에이전트로 활약했다. 에이전트는 지역 프로모터들과 조율해서 (계약하고) 투어를 성사시키는 사람이다. 로드 크루 사이에서 에이전트들은 장비 운송 시간을 터무니없이 짧게, 무리하게 계획하는 걸로 악명 높다. 지역별 공연 순서가 거리와 상관없이 두서없이 정해지기 때문이다. 그래서 다들 하워드가 벽에 미국 지도를 걸어 놓고 다트를 한줌 쥐고 던져서 일한다고 말하곤 했다. (내 생각에) 꽤 재미난 농담이었다!

퀸(여왕)을 닮은 자넷 찰스와 골드 디스크를 든 멋진 쌍둥이. 1979년 3월 파리

퀸의 1979년 유럽 투어는 파비용 드 파리Pavillon de Paris에서의 사흘 밤 연속 공연으로 마무리되었다. 피날레 쇼가 끝난 후 투어의 완결을 기념하려고 음반사는 유명한 나이트클럽 알카자 드 파리Alcazar de Paris에서 리셉션을 열었다. EMI 간부진들은 수상자로 유명 인사 닮은꼴들을 참석시켰다. 우린 《재즈》의 골드 디스크와, 〈팻 바텀드 걸스Fat Bottomed Girls〉와 〈바이시클 레이스Bicycle Race〉를 상징하는 '자전거와 알몸 여자'의 은 조각상을 받았다. '알카자'의 출연자 대부분도 상징적으로 알몸이었다! (미안하지만 이 이야기는 다른 책에서!) 모두 재미난 시간을 보냈다.

《재즈》에 수록된 〈팻 바텀드 걸스〉와 〈바이시클 레이스〉를 상징하는 은 조각상.
밴드가 받은 네 개 중 하나다.

1979년 파리 알카자르에서 음식을 먹는 로저. (미안, 친구. 못된 파파라치라네!)

알카자르에서 즐거운 디콘과 도미니크의 동생 프랑수아즈

이즈음 퀸의 파리 공연은 대단히 특별했다. 초창기에는 프랑스에서 청중을 찾기가 쉽지 않았지만 이제 아주 열렬한 팬들이 생겼다. 피날레 쇼에서 마지막 곡으로 〈쉬어 하트 어택Sheer Heart Attack〉을 부르던 프레디는 흥분해서 마이크 스탠드로 앰프를 망가뜨렸다. 그는 광적으로 흥분했다. 물론 연주를 하자면 스트레스와 감정이 많이 쌓이고 에너지 넘치는 음악은 특히 더하다. 더 후The Who를 보라. 그들은 데뷔 초에 공연이 클라이막스에 이르면 장비를 부수곤 했다. 그걸 이해하는 사람도 있고 아닌 사람도 있다. 개인적으로 나는 이해한다. 더 후는 다른 어느 밴드보다도 내부에 억눌린 큰 분노가 있었고, 그게 그들을 당대 최고의 라이브 그룹이 되게 했으니까. 내게는 역대 최고의 라이브 행위 그룹이다. 슬프게도 문Moon과 엔트위슬Entwistle을 잃었고, 지금도 달트리Daltrey와 타운젠드Townshend 사이에 불화가 있다. 그 시절 분노는 그들에게 로켓의 연료였다. 〈마이 제너레이션My Generation〉의 가사를 잘 들어 보면(〈서브스티튜트Substitute〉와 〈애니웨이 애니하우 애니웨어Anyway Anyhow Anywhere〉도 마찬가지로), 록큰롤이 나올 때까지 세상에서 소외된 젊은이로 사는 분노가 들린다. 평소 퀸은 기물을 부수지 않았다. 상황이 어긋나고 멤버 전원이 낙심하면 절망감을 해소할 방출구를 찾기가 어렵긴 했다. 어려운 상황 속에 강행했던 공연의 말미에 로저가 드럼을 걷어찬 적이 있다. 그때가 가장 위험한 순간이었다. 드럼이 느닷없이 공중으로 날아가 무대에 떨어지기라도 하면 큰일이니! 그래서 난 그런 방식에서 비켜나 있으려고 했다. 나는 기타를 부수거나 기타에 불을 붙이는 습관은 없었다. 하지만 그런 순간은 있었다. 어느 밤 기타 줄 하나가 끊어져서 여분으로 가져온 것을 들었는데, 내 기타 '레드 스페셜'를 복제한 엷은 갈색의 존 버치 WJohn Birch 기타가 소리는 전혀 복제해 내지 못해서 연주가 제대로 되지 않았다. 소리를 낼 수가 없었다. 난 완전히 절망에 빠져서 기타를 공중에 던졌고 어디 떨어질지 짐작도 못 했다. 뭐, 확실히 책임감 있는 행동은 아니었지만 당시 스트레스가 엄청났다. 기타는 무대 위쪽 바닥에 떨어지며 산산조각 났다. 사람의 머리로 떨어지지 않아서 얼마나 다행인지. 기타 조각들을 오래 보관했고 최근에야 복구했다. 잘생긴 기타였고 아주 잘 만든 악기였는데 소리를 제대로 못 내다니. (〈위 윌 록 유We Will Rock You〉의 오리지널 비디오에 내가 이 기타로 연주하는 척하는 모습이 나온다.)

레드 스페셜

직접 만든 '레드 스페셜' 진품은 다시 만들 수 없는, 흉내내지 못할 악기다. 하지만 요즘 우린 레드 스페셜의 복제품을 제작해서 판매하고 있고 그 일이 꽤 잘 돌아간다. 나는 늘 기타를 시작하는 젊은이의 형편에 맞으면서도 고품질의 악기를 만들고 싶었다. 그래서 수익이 큰 사업은 아니지만, 오래 전 우리 부자가 디자인해서 만들었던 기타 같은 악기가 시중에 나와 있다는 게 맘에 든다. 아이들은 이 기타를 선택할 수 있고, 초보자뿐 아니라 프로도 마찬가지다.

레드 스페셜이 대량 생산되기까지는 세 번의 변화를 거쳐야 했다. 처음에는 길드 오브 아메리카 Guild of America 사에서 만들었다. 길드 사가 내게 접촉해서 계약했고, 기타 제작도 만족스러웠다. 나중에 사이가 틀어진 것은 그들이 나 모르게 기타에 수정을 가해서였다. 하지만 길드 기타의 품질은 좋고, 일부 기타에 칼러 트레몰로Kahler tremolos가 장착되었다. 나는 칼러Kahler의 설립자인 데이브 스토리Dave Storey와 친했다. 그러다가 내가 영국의 번스 기타 회사Burns guitar company를 찾아갔고 한동안 번스가 기타를 제작했다. 이번에도 품질이 뛰어났고 오리지널에 더 가까웠다. 그런데 어느 시점에서 사람들이 바뀌면서 상황이 변했고, 나는 번스가 한국에서 기타를 제작한다는 사실을 알게 되었다. '번스가 한국에 제작을 의뢰한다면 우리가 직접 한국에 맡기면 되잖아?'라는 생각이 들었다. 그래서 한국 회사와 거래를 시작했고 지금도 여전히 잘 되고 있다. 이제 브라이언 메이 기타(BMG)가 최고 품질로 제작되고(오리지널에 아주 가깝다) 요즘 두어 대를 무대에서 사용한다. 영역을 조금 확장해서 '랩소디'라는 이름의 어쿠스틱 레드 스페셜도 만들었다. 소형 '미니 메이'는 어린 친구들이 기타를 배우기에 적당할 것이다. 크기는 작지만 소리는 아주 좋다. 또 '레드 스페셜' 복제품을 다양한 색깔로 판매한다. 나는 이 기타들이 자랑스럽다. 아버지가 살아서 이것들을 보셨으면 좋으련만. 가끔 공장이나 쇼룸에 들어가서 BMG가 늘어선 광경을 보면 전율이 느껴진다. 무척 인상적이다. 어떤 기타와도 다른 유니크한 소리가 나고, 어떤 악기보다 폭넓은 소리를 가졌다고 생각한다.

뛰어난 기타 기술자인 피트 맬런드론이 다양한 BMG를 보여주고 있다

다음 단락은 기타 광의 이야기니, 기타에 별 관심이 없는 독자라면 건너뛰길. 요즘 우리가 만드는 BMG는 오리지널과 흡사하다. 무대에서 매고 있는 기타를 보고 확인하지 않으면 나도 어느 기타로 연주하는지 모를 정도니까. 오리지널 기타는 내 '베이비'이고 늘 그럴 테고 타의 추종을 불허하지만, 레플리카들도 훌륭하다. 픽업[기타 소리를 전기적으로 증폭시켜 앰프로 출력시키는 장치]이 거의 동일하고, (특이하게) 24프렛의 24인치 크기인 지판도 동일하다. 내가 직접 디자인한 트레몰로 메커니즘이 똑같다. 멋진 칼날 같은 트레몰로는 지금도 어느 제품보다 마찰이 적고, 그래서 격렬한 연

주 중에도 음정이 제대로 유지된다. 스위치 배열 역시 다른 기타와 다르다. 내 배선과 스위치는 어떤 조합의 세 픽업도 연속으로 가능하게 한다. 연속으로 쓰면 아주 따뜻한 소리가 나지만, 여기에 스위치로 픽업 하나를 떼어내는 효과를 줄 수 있다. 현의 어느 지점에 픽업이 위치하느냐에 따라 갑자기 저주파가 사라지고 높은 화음이 강조된다. 덕분에 BMG은 텔레비전 방송 진행자보다 예리한 소리부터 가장 두터운 깁슨 사운드보다 따뜻한 소리까지 사운드 범위가 넓고 색다른 음색을 낸다. BMG만의 특징이 분명하고, 사람들이 즐길 수 있도록 시중에 나와 있다는 점이 날 얼마나 행복하게 하는지 모른다. 사람들이 우리 기타로 자신의 소리를 낼 수 있을 테니까. 기타 광의 수다는 이쯤에서 끝내겠지만, 마음에 드는 주제라면 레드 스페셜과 관련된 우리 책을 참고하고 브라이언 메이 기타스Brian May Guitars의 웹사이트를 방문하기를.

파리, 밀라노, 몽트뢰

앞서 파리 공연 때 프레디가 무대에서 장비를 부순 사건을 이야기했다. 스트레스 때문에 일어나는 경우가 많다고도 말했고. 하지만 파리 공연의 경우는 이유가 달랐다. 파리에는 늘 어떤 저항의 기류가 느껴졌는데, 이 투어에서 우리가 그걸 돌파했다고 직감했다. 영국처럼 프랑스도 독자적 사고방식을 중시하고 외국인들에게 쉽게 마음을 열지 않는 경향이 있다. 그런데 이제 파리지앵 청중과 소통할 수 있으니 엄청난 발전으로 여겨졌고, 오늘날까지 그 관계가 지속되고 있다. 최근 케리 엘리스와 나는 찌는 더위 속에서 파리 공연을 했다. 평생 기억에 남는 공연으로 꼽는 것은 파리지앵들이 독특한 방식으로 에너지를 분출하고 적극적으로 참여해서였다. 다른 도시와 달랐다. 이런 일들을 경험할 수 있다니, 우리가 얼마나 행운아들이었는지 또 한번 느낀다.

그리고 이탈리아! 퀸은 프레디가 함께했던 퀸 시절의 막바지인 1984년 9월 이전에는 이탈리아 공연을 하지 못했다. 늘 가고 싶었지만 '장비를 도난당할 것'이라는 경고를 받았다! 1984년 마침내 밀라노에서 이틀 밤 공연했지만 이후로는 기회가 주어지지 않았다. 하지만 기적이 일어나서, 이제 이탈리아는 퀸 음악의 대단한 용광로다. 오늘까지도 퀸이든 멤버의 솔로 활동이든 이탈리아 팬들은 언제까지나 신나게 반응할 것 같다. 우리도 거기 가면 늘 신난다. 파리와 다르다. 또 다른 방식으로 독일 역시 스릴 넘치고 팬들이 충실하다. 독일도 초기에는 푸대접 받는 기분을 주었다. 깐깐한 음반사 사람들이 우리를 몰고 다니며, 정시에 도착해야 되고 이건 해야 되고 이건 하면 안 된다고 지적했다. 청중을 만들지 못해서 공연장이 차지 않았다. 3시간이나 차를 타고 라디오방송국에 찾아갔는데 너무 바빠서 만날 수 없다는 말만 듣기도 했다. 홀대 당하는 느낌이었다. '다시는 안 와, 이 나라 공연은 이걸로 끝이야'라고 생각했던 기억이 또렷하다. 그런데 2년 후, 처음으로 음반이 히트하고 EMI 도이칠란트의 홍보팀이 활약하면서 독일은 퀸 음악을 애호하는 지역이 되었고 지금도 여전하다. 유럽과 관련된 사연은 나라마다 다르다. 각 나라의 색깔이 다르다. 영어권에서만 활동하는 밴드가 되지 않고, 초기부터 여러 나라를 맹렬히 공략했으니 퀸은 행운아였다. 그게 퀸의 진수이기도 했다. 퀸은 늘 국수적(national)이지 않고 국제적(international)이었다. 팀 전체가 공통으로 '내 것만 최고'라는 식의 국수주의를 좋아하지 않았다. 국수주의가 세상의 발목을 잡는다는 생각이 든다. 브렉시트 캠페인이 벌어지는 동안 영국을 유럽에서 분리시키자는 열변이 나로서는 우스웠다. 하지만 사람들이 영국이 다시 '위대한' 국가가 된다는 둥 헛소리를 진지하게 받아들여서 웃을 수만은 없었다. '미국을 다시 위대하게 만듭시다'라는 트럼프의 연설을 들어 보면, 2차 대전 이전의 독일에서 벌어진 상황과 비슷하다. 국수주의는 겉으로는 국기가 펄럭이는 활기찬 풍경이지만, 이면에는 몹시 사악하고 세상을 파괴하는 요소가 있다고 생각한다. 그러니 언제든 국수주의보다는 국제주의가 좋다. 영국이 계획 없이 유럽에서 분리되는 것은 영국과 유럽 모두에게 엄청난 퇴보일 수밖에 없다. 알았다, 정치 얘기는 그만.

《라이브 킬러스》를 믹싱 중인 프레디와 존 엣첼스

마지막 파리 공연은 촬영되고 녹음되었다. 사실 투어 전체를 녹음했다. 그 자료가 모두 아카이브[문서, 녹음 등 기록보관소]에 있다. 또 녹음본을 뒤져서 《라이브 킬러스Live Killers》 앨범을 만들었다.

1979년 3월 몽트뢰의 마운틴 스튜디오Mountain Studios에서 프레디가 엔지니어 존 엣첼스John Etchells와 라이브 녹음을 믹싱하고 있다. 뒷모습만 봐도 프레디의 시무룩한 표정이 느껴진다. 상태가 천차만별인 수십 차례 라이브 녹음 중에서 트랙 전체를 선택해야 되는 지난한 작업이었으니까 당연하다. 촬영 중인 카메라맨이 보이는지? 그가 촬영한 필름이 아카이브에 남아 있다.

긴 시간과 수고가 요구되는 작업이었고 처음 시도하는 일이어서, 팀원 모두 몽트뢰 안팎에 거처를 임대했다. 처음에는 몽트뢰의 조금 위쪽 산속 마을 블로네Blonay의 샬레chalet[스위스 지방의 농가]들에 머물렀다. 나중에 데이비드 보위David Bowie가 거기서 멀지 않은 곳에 집을 마련했다. 라이브 앨범 작업은 도저히 끝날 기미가 보이지 않아서 무척 고달팠다. 하지만 스튜디오가 마음에 들었고, 다정한 소도시 몽트뢰가 좋았다. 그래서 우린 스튜디오를 사들여서 '퀸의 마운틴 스튜디오'로 만들었다. 《메이드 인 헤븐Made in Heaven》 앨범에 담을 트랙을 작업한 마지막까지 오랫동안 이 편안한 환경에서 녹음했다. 프레디의 말년에 우리 아지트기도 했다. 1979년 몽트뢰는 한적하고 평온했지만, 멤버들의 배우자와 가족에게는 쓸쓸한 곳이었다. 멤버들이 밤낮없이 작업에 매달려 있

파비용 드 파리의 무대에서 프레디와 존, 1979년

파비용 드 파리에서 나, 1979년

"…… 거품이 꺼지면 남는 것은 기억뿐인 것을."

아사쿠사는 도쿄의 독특한 지역으로, 전통 공예품을 취급하는 상점들이 늘어선 길을 따라가면 절이 나온다. 절에서 연기로 몸을 정화한다. 아들 지미가 아주 어릴 때 데려갔다. 지미는 색색의 반짝이는 물건을 보면 좋아했고 나도 마찬가지였다. 소중한 기억이고, 요즘 난 일본에 갈 때마다 아사쿠사를 방문한다. 지미가 첫 걸음마를 한 것도 도쿄의 호텔에서 몇몇 여성 팬 앞에서였다. 그들은 "카와이! 카와이데스!(귀여워라)"를 외쳤다. 언젠가 손주들을 데리고 가야지.

이 글을 쓰는 2016년 10월, 막 아시아 투어에서 돌아온 참이다. 「퀸+아담 램버트」의 부도칸 공연이 사흘 연속 매진되었고 공연의 열기는 뜨거웠다. 그러다보니 너무 피곤해서 아사쿠사에 못 갔다…… 아니 공연장과 호텔 정원 외에 아무 데도 못 갔다. 예전 같지가 않다.

아사쿠사에서 지미가 종을 구경하고 있다, 1979년 5월

앞에서 내가 일본을 위해 만든 곡 〈테오 토리아테Teo Torriatte〉에 대해 이야기했다. 다양한 방식으로 만들었고 최근에는 로저와 둘이 어쿠스틱 버전으로 노래했다. 일본에서 이 곡을 연주하면 계속 마음이 뭉클하고, 예전처럼 감정의 유대를 느낀다. 다른 지역에서도 이 곡을 부르고 싶을 때가 종종 있지만, 늘 연주 리스트에 곡목이 넘쳐서 빠지고 만다. 일본에서는 청중이 일본어와 영어로 아름답게 합창하기 때문에 늘 흐뭇하게 하나가 되는 순간을 맞이한다. 제대로 리허설 할 시간이 부족해 늘 이 곡을 완전하게 연주하지 못한다. 그런데 어찌 보면 불완전함이 그 밤을 더 매력적으로 만든다. 프레디와 연주한 이 특별한 공연을 입체적으로 기록할 수 있어서 다행이다. 뒷장에서 오리지널 녹음 때처럼 내가 피아노를 연주하고 프레디가 노래하는 사진을 볼 수 있다.

피아노로 〈테오 토리아테〉를 연주하는 나. 스포트라이트를 받는 프레디와 존

〈테오 토리아테! 우리 함께 손을 맞잡고!〉

우린 늘 일본에서의 경험들에 매료되었다. 느닷없이 울컥 솟구치는 감동이 있달까. 머나먼 런던에서 온 청년들이 대를 이어 젊은 일본 음악팬들과 이리도 가까워질 줄 누가 알았겠는가. 아버지가 깜짝 놀라던 기억이 난다. 아버지 세대는 일본과 전쟁을 했고 앙금이 많이 남았다. 퀸이 일본인들과 따뜻하고 특별한 관계를 맺는 데 아버지는 놀랐지만 멋진 일이라고 이해했다. 당신으로서는 받아들이기 몹시 어려웠을 텐데도. 살아계셔서 우리가 일본에 갈 수 있다면 얼마나 좋을까. 물론 우리 세대의 입장은 전 세대와 사뭇 달랐다. 이제는 친구가 된 일본 팬 두엇과 히로시마와 평화박물관을 찾은 것도 이 투어 때였을 것이다. 서구인으로서 감당하기 힘들지만 모두에게 방문을 권하고 싶다. 끔찍한 파괴의 목격자가 된 느낌을 맛본다. 남자들은 이미 떠났기에 주로 부녀자가 희생되었다. 어떤 상황에서도 이런 무기를 쓰는 것은 정당하지 않다고 느낄 수밖에 없다. 왜 연합군은 먼저 원자폭탄을 바다에 투하해 어떤 일이 벌어질지 경고하지 않고, 아름다운 시골 도시인 히로시마와 나가사키를 없앴을까. 나는 그곳에 가면 굴욕감을 느낀다. 전쟁은 잘못이라는 사실과 언제나 다른 방법이 있을 거라고 생각한다. 하지만 그 후로도 우린, 영국과 미국이 테러와의 전쟁이라는 명목으로 남녀노소의 목숨을 빼앗고는 보복 당하면 놀라는 예들을 보았다.

무대 침공

5월 6일 투어의 마지막 밤 삿포로에서 프레디는 게리 스티켈스Gerry Stickells와 크루에게 〈돈 스톱 미 나우-Dont'Stop Me Now〉를 헌정했다. 노래를 부르는 동안 재미를 위해 크루 멤버들이 화려한 의상을 입고 무대로 나왔다. '마지막 밤' 이벤트였다. 재미있고 즐거웠다.

제멋대로 이리저리 오가는 '차량(크루)'들을 교통정리 하는 프레디!

새로운 도시, 새로운 《게임》

퀸이 어떻게 몽트뢰에 가서, 그림 같은 스위스 소도시와 카지노 모퉁이의 작은 녹음실에 반했는지 알았을 것이다. 우린 다음 앨범(《더 게임The Game》이 될) 작업에 착수하면서 다시 몽트뢰에 가서 기본 트랙들을 정리했다. 하지만 3주 후 새로운 환경에서 다른 영감을 얻고 싶어서 독일 뮌헨의 뮤직랜드 스튜디오Musicland Studios로 이동했다. 사전 지식이 없어서 미지의 장소였지만, 이 녹음실의 장점 때문에 선택했다. 제프 린Jeff Lynne, 밴드 E.L.O(일렉트릭 라이트 오케스트라Electric Light Orchestra)와 작업했던 엔지니어 라인홀트 맥Reinhold Mack(보통 다들 '맥'으로 불렀다)이 거기 있었다. 맥은 우리가 정말 좋아하는 음반들을 녹음했고(E.L.O의 아름다운 《미스터 블루 스카이Mr. Blue Sky》를 포함해서), 소리를 쌓는 퀸의 스타일이나 화음 구성과 맞을 것 같았다. 그래서 어떤 상황이 펼쳐질지도 모르면서 무작정 갔고, 모색하던 변화가 생겼다. 다만 우리가 기대했던 방향과 딱 맞아떨어지진 않았다. 퀸은 이미 나름의 작업 방식이 있었다. 녹음실 경험이 꽤 있었고, '테이프'에 연주를 담는 방식에 대한 확신도 있었다. 맥은 퀸의 방식을 단숨에 날려 버렸다. 그 역시 나름의 방식이 있었던 것이다. 게다가 그는 쉽게 타협하는 사람도 아니어서, 전형적인 독일인다운 논리로 "그게, 내 방식이 싫으면 딴 데 가서 녹음하든지" 하는 식이었다.

이제껏 우리는 멀티트랙 테이프에 녹음할 때 모든 트랙을 동시에 '드롭 인drop in' 하는 것은 안 좋다고 믿었다. 모든 회로를 동시에 바꾸는 기술적 어려움 때문이었다. 적어도 로이 베이커나 마이크 스톤은 그렇게 하지 않았다. (녹음된 음악에 '드롭 인'하는 것은, 이미 녹음한 트랙을 어느 지점부터 대체하고 싶은 새 연주로 즉시 편집한다는 뜻이다. 예를 들어 어떤 곡을 3분 표시까지 테이크 하다가 문제가 생기면 그 지점부터 새 테이크를 떨어뜨릴 수 있었다.) 우리는 완전한 백업 트랙들을 멀티트랙 테이프에 담은 다음, 필요하면 나중에 가장 좋은 부분을 편집해 왔다고 말했을 때, 맥은 어깨를 으쓱했다. "멀티트랙에 '드롭 인' 하면 될 텐데요? 그 지점까지의 연주를 그대로 가져갈 가치가 있으면 가져가야죠." 그래서 우린 그 방식을 취했다. 평소에는 한 트랙씩 편집했고, 그러면 신선함과 강력함은 있지만 뭔가 잘못되면 중지시켰다. 그런데 맥은 "좋습니다, 문제가 생긴 부분 바로 전까지 따서 '드롭 인' 하죠"라고 말하면서 어느 지점에서 24트랙을 통째로 '드롭 인'했는데, 효과가 있었다. 술술 진행되었다. 필요할 때마다 과정을 반복하면서 단시간 내에 트랙의 막바지에 이르렀고, 즉시 사용 가능한 백킹 트랙이 생겼다. 진행이 빠를 뿐 아니라 마지막 '테이크'가 신선했다. 열댓 번 풀 테이크 했다면 그런 느낌을 놓쳤을 듯했다. 〈세이브 미Save Me〉의 기본 트랙은 이런 식으로 녹음되었다. 〈크레이지 리틀 씽 콜드 러브Crazy Little Thing Called Love〉도 마찬가지였다.

맥은 마이크도 아주 다른 방식으로 사용했다. 우린 이미 생생하고 큰 소리를 만들기 위해 방의 음향을 포착하는 환경에 신경을 써 왔다. 첫 앨범이 나오자 아버지는, 마이크가 악기와 너무 가까워 소리가 얇고 생생하지 않다고 지적했다. 방에서 울려 퍼지는 소리가 테이프에 닿지 않았다. 전에

최근 내 인스타그램에서 그걸 알아차렸다. 흥미롭다 싶은 온갖 사진들을 올리는 편인데, 가장 있기 있는 건 역시 내 사진이다. 결국 '우리가 누구인가'가 '우리가 무엇을 하는가'보다 중요하기 때문일 것이다. 아마도 그게 맞을지도 모르지.

물론 좋은 시절이었다…….

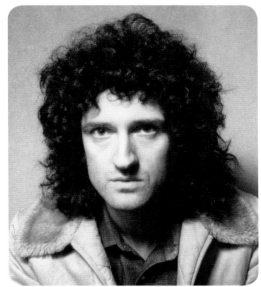

아라벨라하우스의 여권사진 부스에서 입체 촬영

에릭 클랩튼이 독일 잡지에서 나에 대해 좋은 말을 했다. 1979년 7월, 뮌헨. 클랩튼은 그때도 지금도 내 영웅이다. 뛸 듯이 기뻤다.

1980
메디슨 '퀵' 가든에서의 하룻밤 (혹은 사흘 밤)

그게 말이지, 다시 돌아간 매디슨 스퀘어 가든에서 사흘 밤 매진 사례! 날아갈 것 같은 기분이었다. 청중은 훨씬 더 격렬해졌다. 이번에는 연주하는 동안 스테레오 리얼 리스트를 믹싱 데스크에 앉은 사람에게 맡겨야지 마음먹었다. 누구였는지 잊었지만(죄송!) 그럴 듯한 3D 사진들이 꽤 나왔다.

이 묘한 제목은 실제 대화에서 따왔다. 1975년 레드 제플린의 막강한 매니저였던 피터 그랜트Peter Grant와 매니지먼트 가능성을 의논할 때였다. 그랜트가 최근 뉴욕에 다녀온 이야기를 하면서 "뭐, 지미랑 난 '퀵' 가든에 가는 걸 좋아하거든……(지미는 지미 페이지Jimmy Page)"이라고 말했다. 당시 퀸에게 그런 일은 '턱없는 꿈'이었기에 재미있는 말로 들렸다.

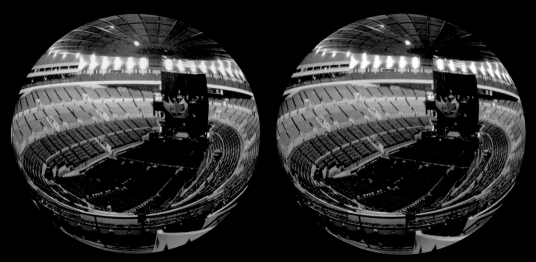

이 MSG 사진과 94쪽 사진을 비교해 보기를. 가장 큰 차이는 직접 제작한 넓은 '퀸 크라운' 장비다.

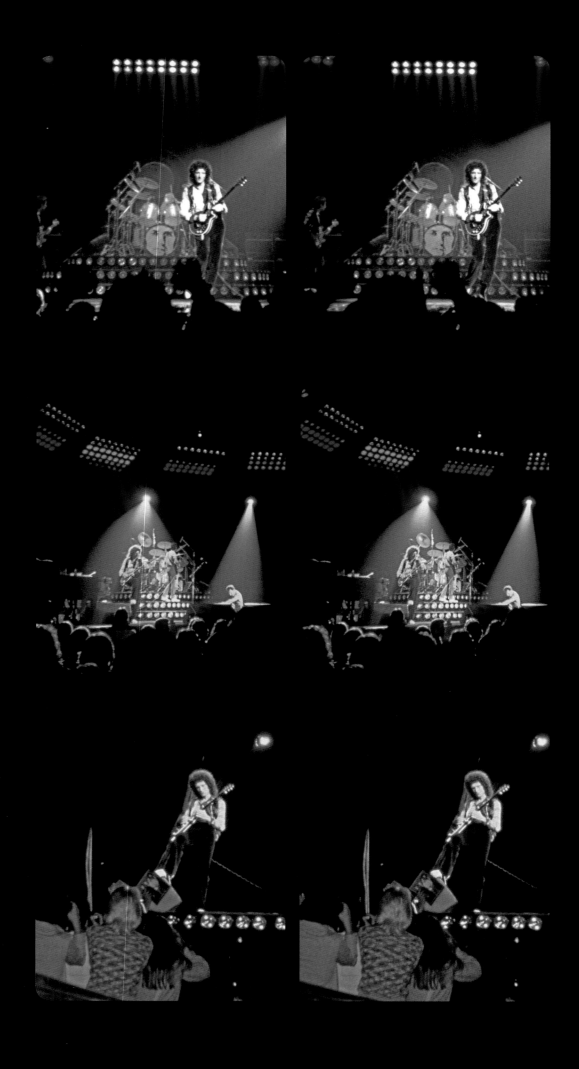

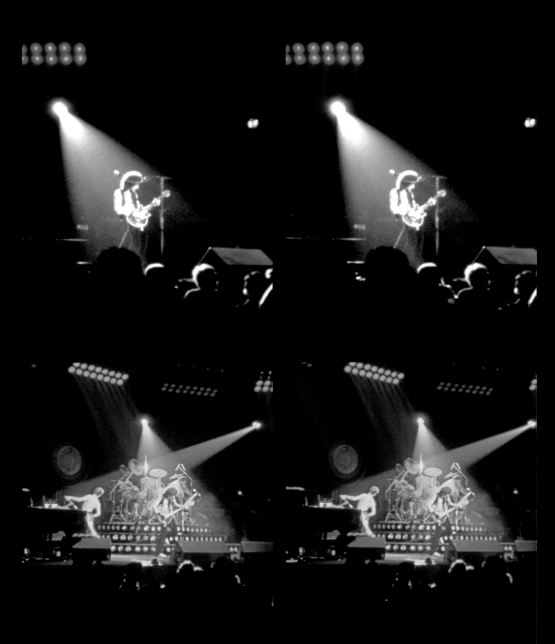

1980

〈더 히어로〉와 프레디와 언론

좀 다른 이야기를 해보려 한다. 내 어머니와 아버지 이야기. 엉뚱하다 싶겠지만 내게는 소중한 기억이다. 두 분 다 힘든데도 묵묵히 내 뒤를 지키고 대견해 하며 기록들을 모은 생각을 하면 마음이 따뜻해진다. 아버지는 내가 과학을 포기한 것에 크게 실망했지만, 그런 와중에도 모든 퀸 투어의 여정을 지도로 그렸고 일부는 책《퀸 : 불멸의 록 밴드 퀸의 40주년 공식 컬렉션》에 실려 있다.

아버지

1980년 12월 10일 열린 「플래시 고든」[「제국의 종말」로 개봉] 시사회의 프로그램을 자랑스럽게 든 어머니. 이 프로그램에 실린 장면은 편집되어서 영화에서는 볼 수 없었다. 마지막 순간에 샛노란 배경과 벼락으로 바뀌었다. 시사회 프로그램에 나오는데 영화에는 나오지 않는 장면이라니 이상하다.

어머니

《플래시 고든》은 첫 영화 관련 작업이었는데 믿기 힘들 만큼 새롭고 짜릿했다. 퀸이 사운드트랙의 적임자라는 아이디어를 낸 사람은 감독 마이크 호지스Mike Hodges였을 것이다. 마이크는 디노 드 로렌티스Dino de Laurentis가 제작하는 영화를 연출했다. 디노는 여러 의미로 굉장한 이탈리아인 영화 제작자였다. 그의 대표작들은 대단한 예술로 간주되지는 않았지만 거액의 투자를 받았고, 대중은 박스오피스 결과로 인정했다. 디노의 최대 성공작 중에 「킹콩King Kong」 리메이크가 있다. 그는 「플래시 고든」을 웅장한 영화로 보았다. 리메이크도 원작 '킹콩'과 똑같이 대규모의 인상적인 영화가 될 걸로 생각했다. 하지만 감독 마이크 호지스와 대본작가의 견해는 전혀 달랐다. 그들은 키치 영화를 예상했다. 복고풍의 가벼운 만화영화. 결국 우린 초기 단계에서 거친 테이크 몇 군데를 시사했다. 그걸 러시Rush[감독이 보고 결정하는 프린트. 원본의 손상을 막기 위해 미리 복사한 인화 필름]라고 한다. 이륙하는 우주선, 주인공 플래시가 우드 비스트가 든 나무 기둥에 손을 넣는 장면. 이탈리아의 대스타 오르넬라 무티Ornella Muti가 연기하는 미모의 오라 공주가 우주 로켓을 타고 플래시에게 오는 장면. 맥스 폰 시다우Max von Sydow가 열연한 사악한 독재자 밍 황제도 보았다.

어머니와 아버지의 「플래시 고든」 런던 시사회 초대장

우린 이런 러시들에 영감을 받았다. 데모(사운드트랙으로 제안하는 음악) 제작 요청을 받자, 1주간 라운드하우스 스튜디오Roundhouse Studios에 머물면서 재빨리 멤버 전원의 아이디어를 모았다. 〈플래시 아 아Flash Aah-aah〉는 내가 제안한 주제곡 아이디어였다. 로저가 우주 로켓 장면의 분위기를 잘 살렸다. 프레디는 신디사이저 풍의 〈풋볼 파이트Football Fight〉를 독특하게 표현했다. 불과 5분만에 끝냈다. 거기 머물지 않았다. 마음이 딴 데 있었지만 참여하러 녹음실에 왔던 터였다. 또 오라 공주의 최면에 걸린 듯한 목소리도 만들어냈다. 존은 분위기 있는 〈플래닛 오브 더 호크 맨Planet Of The Hawk Men〉과 우드 비스트의 긴장된 장면을 잘 그려냈다. 멤버 모두 아이디어를 제안하면서 참여했다. 다시 스튜디오에서 마이크 호지스와 디노 드 로렌티스를 만났다. 디노가 데모 녹음을 들으려고 날아왔다. 중요한 순간이었다. 우리는 생각했다. '맙소사, 이거 무슨 일이 벌어지는 거야? 우리가 이 일을 하는 거야?'

디노 드 로렌티스는 거칠게 녹음된 데모 테이프가 재생되는 30분간 굳은 표정으로 말없이 앉아 있었다. 마지막으로 주제곡 〈플래시〉가 끝나자 디노는 찡그렸고 마침내 입을 열었다. "아주 훌륭하지만 내 영화에 맞는 음악은 아니군." 우리는 (특히 내가) 무척 실망했고 디노는 떠났다. 나는 주제곡을 영화의 핵심적인 유머가 담긴 좋은 곡으로 봤지만, 디노가 싫어하니 몹시 심란했다. 마이크는 어깨를 으쓱했다. "걱정 마요. 내가 알아서 할 테니." 그는 디노에게 가서 대화를 나누었다. 무슨 말이 오갔는지 모르는데, 아마도 남들이 이 영화를 보는 관점을 알려주지 않았을까 싶다. 그러니까, 이건 진지한 서사 영화가 아니다, 영화의 의미가 세심한 모방과 의식적으로 상식을 비껴가는 점인데 퀸 음악이 딱 그랬다, 그러니 계속 작업해야 한다……

"훌륭하지만…… 내 영화에 맞는 음악은 아니군."

마이크는 모든 게 훌륭하다고 끝까지 설득했고, 우리가 계속 작업했고, 결국은 디노가 황홀해 했으므로 해피엔딩이다. 시사회에서 그는 영화를 한껏 살려줘서 감동했다고 명확하게 밝혔다. 하지만 우리는 그때까지 그걸 몰랐다. 괜찮은 시사회였고 영화는 영국에서 인기가 있었지만 다른 나라들에서는 잘 되지 않았다. 홍보가 부족했던 듯했다. 어떤 내용인지 명확히 알려주지 않았으니. 그래서 전 세계 극장에서 개봉되었을 때 큰 반향은 없었다. 하지만 텔레비전과 비디오로 소개되자, 시청자들이 영화의 내력을 이해했기 때문에 많은 팬이 생겼다. 오늘날까지 「플래시 고든」은 열렬한 팬들을 거느린 영화다.《플래시》 싱글은 상당히 히트했다. 키치하지만 난 자랑스럽다. 1950년대 우주의 윤리를 다룬 만화를 잘 그려냈다. 「플래시 고든」과 『댄 대어』[영국의 공상과학 코믹 소설]는 당시 사람들이 인류를 어떻게 생각하는지, 인류가 우주에서 주인공으로서 어떤 위치라고 생각하는지 잘 보여주었다. 인류는 나아가 은하계를 정복할 테고 우린 착한 사람들이었다. 그게 영화 「플래시 고든」에서 재치 있게 다루어진다. 난 풋볼 싸움에서 호지스 감독이 잘 연출했다고 생각한다. 미국의 태도는 이런 것이니까. "우리가 구세주야, 당신들이 어떻게 해야 될지 말해 줄 사람은 우리지. 우리를 따르라고. 우리가 당신들의 문제를 없애 주겠지만 다 당신들을 위해서라고." 플래시 고든은 반짝이는 영웅이고 오랫동안 그러하기를.

「플래시 고든」의 마지막 뒷이야기. 믹싱을 하고 영화를 마무리할 때가 되자 우리 팀이 다 사라졌다. 퀸 앨범,《더 게임The Game》을 한창 만드는 중이었기 때문이다. 그래서 세 멤버는 뮌헨에 있었고, 나는 런던에서 모든 부분을 결합해 사운드트랙을 완성하려고 애썼다. 액션을 강조하는 '톡 쏘는' 느낌을 연출하려고 삽입곡들을 이미 녹음한 테이프에 라이브로 겹쳐서 녹음했다. 영화의 '와이프wipe'[화면을 한쪽에서 지우면서 다음 화면을 나타내는 기법]를 보면서 예전 스타일로 큐를 받아서 연주했다. 요즘은 이런 방법을 쓰지 않는다. 결국 런던 셰퍼즈 부시에 있는 타운하우스Townhouse Studios에서 나와 엔지니어 앨런 더글라스Alan Douglas가 아슬아슬하게 마무리했다.

OST 《플래시 고든》

달리기하듯 서둘러 OST 앨범을 만들었다. 지금도 사운드트랙 앨범은 상당히 공이 많이 드는 큰 일인데, 내 경우에는 '이 앨범이 미니 영화 같아야 된다'고 생각했다. 레코드를 걸어 놓으면 머릿 속에서 영화를 볼 수 있어야 했다. 그래서 영화 제작팀에게 갖고 있는 음향을 전부 달라고 요청 했다. 큰 스프로킷sprocket[필름을 감는 레버] 릴 백 개가 도착했다! 말 그대로 영화의 '모든' 음향이 거기 있었다. 35mm 필름 스프로킷에 영상과 정확히 맞춰진 음향이 입력되어 있었다. 그 시절 영 화는 두 가지 버전으로 상영됐다. 저가 버전은 구식으로 모노 옵티컬 사운드 트랙이다. 35mm 필 름의 가장자리에 흔들리는 사운드트랙을 입혀서 필름이 돌아갈 때 광전지로 읽히는 방식이었 다. 고가 버전은 필름 가장자리의 자석 스트립에 담긴 사운드트랙이 고품질 돌비 스테레오 사운 드를 내보냈다. 스프로킷의 문제는 스프로킷 구멍보다 더 가깝게 싱크를 맞출 수 없다는 점이고, 차이는 10분의 1초쯤이다. 하지만 제작팀은 모든 음향 효과, 대사, 우리가 삽입한 음악, 촬영 당 시의 모든 소리를 전부 보내 주었다. 그래서 음악과 모든 소리를 담아 전체 이야기를 들려주는 앨범을 만들었다. 또 하워드 블레이크가 우리 음악과 잘 조율한 오케스트라 곡도 넣었다. 우리는 음반 양면에 영화를 응축해서 담았다. 요즘은 어떻게 하는지 모르겠지만 당시 그런 사운드트랙 앨범은 없었다.

내 플래시 고든 핀볼 기계의 앞면

A급 영화에 록큰롤 사운드트랙이 들어간 것은 처음이었기에 자랑스럽다. 사실 우리가 영화음악 작업을 할 때 사람들은 이렇게 말했다. "될 일이 아니야. 영화에 기타 곡은 못 넣는다니까. 산만하잖아." 뭐, 퀸은 처음으로 그게 '될' 일임을 증명했고, 요즘은 거의 상식이 되었다. 수많은 영화가 전투 장면에 웅장한 기타 연주를 넣는다. 예전에는 금지 구역과 다름없었는데.

호크멘이 밍 황제의 기함에 돌진해 왕이 죽는 전투 장면의 음악이 특히 흐뭇하다. 그 장면에서 액션과 연결시키는 강한 비트는 테마곡 〈플래시〉를 반영해서 만들었다. 마지막 단계에서 우리는 (마지막에는 나 혼자!) 앉아서 각각의 음악 부분에 진동음을 더해 영상에 맞추는 작업을 했다. 진동음은 긴장을 더한다. 타이틀 테마처럼 농담조의 느낌을 내긴 해도 전투 내내 긴장감을 유발한다. 《플래시 고든》이 최초의 진짜 록 필름 사운드트랙이었다고 생각하고 싶다.

사운드트랙 앨범과 관련해서 할 말이 한 가지 더 있다. 앨범 작업이 막바지에 접어들었는데 제작팀이 갑자기 이렇게 말하는 게 아닌가. "좋아요, 그런데 영화의 클로징 크레딧에 들어갈 음악이 필요합니다." 클로징 크레딧은 7분간 계속되고(요즘은 한 30분은 되는 것 같지만) 나는 이런 아이디어를 냈다. 전투 테마를 기반으로 한 〈더 히어로The Hero〉라는 곡이 머릿속에 있었다. 그 백킹 트랙을 깔고 〈플래시 아-아Flash Aah-aah〉의 보컬 화음 부분을 합칠 생각이었다. 간단할 것 같았는데 이번에는 결과가 제대로 나오지 않았다. 처음에 성공했던 게 행운이었다! 밴드는 독일에 있고 난 도움이 안 되는 오버더빙[이미 녹음한 것에 겹쳐 녹음하는 것] 음향만 듣고 여기 앉아 있었다. 다시 한 번 서둘러서 만들어내야 했다. 내가 쓴 〈더 히어로〉는 3분 30초짜리. 턱없이 부족한 길이였다. 어쩌지? 영화 대사와 하워드의 음악 일부를 더 넣어서 〈더 히어로〉를 다시 썼다. 그러자 기타 독주가 필요했다. 그런데 레드 스페셜이 여기 없었다. 기타는 밴드와 함께 뮌헨에 가 있었다. 스튜디오 주변을 뒤지니, 구석에 녹슨 줄이 피아노 줄만큼 두꺼운 기타와 먼지 쌓인 앰프가 있었다. '이것밖에 없으면 이걸로 해봐야지.' 어찌어찌해서 그 기타로 제법 괜찮은 소리를 뽑아냈다. 앨범에 그 독주가 나온다.

> ### "넌 항상 내 끝내주게 예쁜 목소리가
> ### 피를 흘릴 노래를 쓰더라."

그래서 플래시 트랙의 원래 화음과 백킹 보컬을 맞추었다. 모든 과정이 24시간 안에 꼬박 밤을 새워 급히 진행되었다. 프레디는 (약간 농담조로) 내가 밉다고 말했다. "넌 항상 내 끝내주게 예쁜 목소리가 피를 흘릴 노래를 쓰더라"라면서. '히어로' 보컬이 무시무시하게 고음이지만 그래도 그는 말했다. "어쨌든 해봐야지." 초조한 일이었다. 하지만 프레디는 도전받는 걸 좋아했다. 항의하면서도 매번 능력을 발휘했다. 겁먹고 불평한 후, 보드카 한 잔을 들이키고 달려들었다. 실패한 적이 없었다.

프레디와 언론

한참 후인 1982년, 우린 밀턴 케인즈Milton Keynes에서 「플래시」와 「더 히어로」로 퀸 쇼를 열었다. 더 최근에는 아담이 합류해 같은 방식으로 공연했다. 아담에게 고음 노래는 문제가 안 된다. 프레디가 그걸 알았다면 애덤을 "미워 죽겠다"라고 말하면서도 사랑했을 것이다. 프레디와 아담이 함께하는 것을 볼 수 없어 아쉽다. 두 사람은 곧 친해졌을 텐데. 비슷한 구석이 워낙 많다.

"수선화처럼요."

하지만 아담이 사는 세상은 프레디가 성장한 세상과 아주 다르다. 난 프레디가 성정체성 문제를 아주 영민하게 다루었다고 생각한다. 그는 게이 성향이 있다는 것을 부인하지 않았다. 초기에『뉴 뮤지컬 익스프레스New Musical Express』줄리 웹Julie Webb 기자가 인터뷰를 진행하면서 프레디에게 게이냐고 물었다. 프레디는 이렇게 답했다. "수선화처럼요.[그리스신화에서 나르시스가 자기 모습을 사랑해서 물에 뛰어들어 수선화가 된 이야기를 빗댄 것이다]" 게이라고 알려지면 큰 피해를 입을 수 있는 시절이었으니까. 반면 아담은 완전히 개방적으로 대처해 왔다. 여전히 게이인 것을 질병이나 수치로 치부하는 사람들이 있기 때문에, 커밍아웃은 용기가 필요한 일이다. 사정이 많이 달라졌지만 아직도 가야 할 길이 멀다. 트럼프가 대통령이 되면서 사람들은 편협한 세상으로 회귀하기를 기대하는 것 같다. 먼 과거로 여겼던 세상으로. 하지만 두고 봐야겠지.

프레디의 초점이 맞진 않지만, 당시의 묘한 상황을 연상시켜서 마음에 드는 사진이다. 기자를 며칠씩 팀과 동행시키곤 했다. 기자들은 '밴드(혹은 이 경우처럼 프레디)를 파악해서' 기사거리를 모아 음악지에 글을 게재하고 싶어 했다. 음악지들이 밴드를 지면에 노출시키면 (트위터나 페이스북이 없던 시절엔) 그게 록 그룹에게도 '커리어'를 쌓는 데 도움이 됐다. 기사에 밴드가 호의적으로 언급되면, 사람들이 그 밴드가 인근에 공연을 왔을 때 가거나 음반을 구입했다. 하지만 기자가 복병이어서 신뢰를 깨는 내용을 쓰거나 그룹을 나쁘게 묘사하는 경우도 비일비재했다. 그들은 우월적 태도로 밴드를 비웃기 일쑤였다. 또 '논란의 여지'가 있는 기사가 실려야 잡지 판매가 늘었다. 아티스트가 대응할 길이 없었다. 하지만 한계를 뛰어넘으려는 사람은 누구든 조롱받기 마련이다. 재밌는 건, 처음에는 오로지 자기만 조롱받는 기분이 든다는 거다. 요새야 내가 존경하는 뮤지션들 모두가 음악 기자들에게 조롱받았음을 알지만. 언론의 조롱은 훈장과 같다!

기차에서 프레디와 「뉴 뮤지컬 익스프레스」 기자 줄리 웹, 1974년

1981
네 번째 일본

1981년 퀸은 네 번째 일본 투어를 했고, 이번에는 도쿄에서만 (부도칸에서 5일간) 공연했다. 당시 일본 통역사 마코와 나의 사진이다. 이 투어 재킷은 지금도 내 아카이브에 있다. 사실 퀸의 모든 것이 아카이브에 있다! 그게 이 책을 만들 때 큰 도움이 되었다. 하지만 마코에 관련한 자료는 사진뿐이다.

마코는 훌륭한 통역사이며 좋은 사람이었다. 오래 전 잃은 친구. 1981년 도쿄에서.

도쿄 긴자

도쿄의 긴자일 것이다. 마법 같은 뮤직 박스와 앤티크 기모노를 비롯해 독특한 일본 물건들을 구입한 기억이 난다. 요즘은 세상에서 사라진 색다름이 있었다.

도쿄의 거리 풍경, 1981년

신전은 대단히 신비로운 장소다(오른쪽 위). 늘 내 안에서 평화로운 감정을 끌어낸다. 신전에 들어서면 우주와 나 자신에 대한 뭔가를 재발견하는 기분이 든다. 특히 밤에 매혹적이다. 오른쪽에 '점괘'가 보인다. 이 작은 종이들은 점괘를 뽑은 사람이 접어서 줄에 걸거나 매둔 것이다. 사람들이 신전에 가서 기도하고 작은 종이를 산다. 거기 운수와 미래가 적혀 있다. 점괘가 이루어지기를 바라면, 운명을 봉인하기 위해 종이를 접어 매듭지어서 남겨둔다. 그래서 사람들의 꿈이 담긴 작은 종이 매듭이 이렇게나 많다. 담벼락에 작은 자물쇠를 거는 열풍도 일본인이 시작한 것 같다.

도쿄의 신사

사랑에 빠졌거나 결혼하려는 (혹은 둘 다!) 사람들은 거기 가서 자물쇠에 이름을 새겨서 담에 채운다. (아마 그후에 열쇠를 버릴 것이다. 난 해본 적이 없어서 잘 모르겠다.) 어디서 시작되었든 이제는 세계적인 현상이 되었다. 쾰른의 대성당 근처, 라인 강 위의 큰 다리에 자물쇠 담장이 있다. 쾰른에 갈 때마다 묵는 호텔에서 번쩍이는 구리 빛깔 담장이 보인다. 내려가면 변하지 않은 사랑을 상징하는 자물쇠 수십 만 개, 어쩌면 수백 만 개가 걸려 있다. 자물쇠는 점괘 종이와 비슷하겠지. 변함없이 자신을 바치고 싶은 일의 물리적인 상징이다. 나무에 하트를 그리고 이름을 새기는 것처럼. 생각해 보니 덕분에 많은 나무가 피해를 면했네!

최근 아담과 투어하면서 방문한 쾰른의 자물쇠 담장. 딸 에밀리.

당시 일본에서 내 보디가드였던 월터 버슨

내 아이들이 '빅 월리'라고 부른 월터 버슨Walter Versen은, 풋볼 선수로 대학을 갓 졸업한 미국인 청년이었다. 그는 안전요원으로 여러 번 투어에 동행했고 나와 평생 친구가 되었다. 안 그래도 큰 체구가 일본인들 사이에서 더 두드러져 보였다. 내 키도 185cm이니 큰 편이었지만, 월리는 인형 같은 팬들 옆에서 큰 곰 같았다. 아주 상냥한 거인이어서 팬들에게 인기가 좋았다.

마코와 월리

도쿄에서 리무진에 탄 마코

리무진 사진을 보니, 차를 타고 다니면서 도로 표지판과 상점 간판에서 '가타카나' 글자를 찾아 읽으려고 애쓰던 기억이 난다. 일본에 갈 때마다 그렇게 했고 지금도 여전하다. 존 디콘 덕분이다. 그는 열심히 노력하면 일본 글자를 이해할 수 있다는 확신을 주었다. 존이 내게 '코―히―'를 손짓하던 기억이 난다. 음성 글자다. '코'라는 글자와 음운을 길게 하는 긴 대시(―)와 '히'('히이'에 가깝다)와 다시 긴 대시(―)로 이루어져, 연달아 발음하면 영어 '커피'에 가까운 소리가 난다.

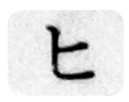

Ko   Hi

다음 장에 내가 배운 가타카나 글자표를 소개한다. 아주 어렵지는 않다! 암기에 도움이 되도록 색을 칠했다.

❖ KATAKANA FLASH CARD NO. 10 ❖

koohii

コーヒー

coffee

KATAKANA

ア	カ	ガ	サ	ザ	タ	ダ	ナ	ハ	バ	パ	マ	ラ	ワ	ファ	ン
a	ka	ga	sa	za	ta	da	na	ha	ba	pa	ma	ra	wa	fa	n
イ	キ	ギ	シ	ジ	チ	ヂ	ニ	ヒ	ビ	ピ	ミ	リ		フィ	
i	ki	gi	shi	ji	chi	ji	ni	hi	bi	pi	mi	ri		fi	
ウ	ク	グ	ス	ズ	ツ	ヅ	ヌ	フ	ブ	プ	ム	ル			
u	ku	gu	su	zu	tsu	zu	nu	fu	bu	pu	mu	ru			
エ	ケ	ゲ	セ	ゼ	テ	デ	ネ	ヘ	ベ	ペ	メ	レ		フェ	
e	ke	ge	se	ze	te	de	ne	he	be	pe	me	re		fe	
オ	コ	ゴ	ソ	ゾ	ト	ド	ノ	ホ	ボ	ポ	モ	ロ		フォ	ヲ
o	ko	go	so	zo	to	do	no	ho	bo	po	mo	ro		fo	o
ヤ	キャ	ギャ	シャ	ジャ	チャ	ヂャ	ニャ	ヒャ	ビャ	ピャ	ミャ	リャ			
ya	kya	gya	sha	ja	cha	ja	nya	hya	bya	pya	mya	rya			
ユ	キュ	ギュ	シュ	ジュ	チュ	ヂュ	ニュ	ヒュ	ビュ	ピュ	ミュ	リュ			
yu	kyu	gyu	shu	ju	chu	ju	nyu	hyu	byu	pyu	myu	ryu			
ヨ	キョ	ギョ	ショ	ジョ	チョ	ヂョ	ニョ	ヒョ	ビョ	ピョ	ミョ	リョ			
yo	kyo	gyo	sho	jo	cho	jo	nyo	hyo	byo	pyo	myo	ryo			

내가 공부한 가타카나 표

이 표를 싣는 것은 서양인 독자라면 가타카나에 뛰어들어 즐기라고 격려하고 싶어서다. 일본인들은 외국어 차용어는 이 음성문자로 표기한다. 그래서 특히 요즘은 산업과 통상과 광고 부문에 가타카나 표기가 많다. '히라가나'도 있는데 난 잘 모른다. 역시 음성 문자지만 일본 고유의 어휘와 문법을 표기하는 데 사용된다고 한다. 가타카나 글자마다 상응하는 히라가나 글자가 있다. 그 외에 한자에서 차용한 '간자'가 있다. 모든 어휘에 간자가 있다. 일부는 이해하기 쉽다. 예를 들어 고속도로의 출구를 나타내는 표지판은 상자와 직선 두 개와 곡선 하나로 이루어진다. 간략하게 이야기 전체가 표현되는 경우도 있다. 휘갈겨 쓴 글자들에 이야기가 담겨 있다. 놀랍고 외국인은 숙지하기 어렵다. 일본 어린이들은 성장하면서 한 번에 몇 개의 간자를 배우고, 그래서 열 살 무렵에는 이백 개의 간자를 안다. 난 하나도 모르는데!

그렇다! 축구 경기다!

드물게 축구 경기에 간 사진이다. 영국 팀이 출전했을 것이다. 솔직히 잘 모르겠다. 하지만 재미있는 나들이였고, 일부 팬들은 공연장 아닌 곳에서 퀸을 보자 놀랐다!

퀸을 본 젊은 일본 축구팬들

남미 투어,
스타디움 공연 시대를 열다

퀸의 남미 모험에 대해서는 책 한 권을 쓸 수도 있다. 사실 〈궂은일도 마다하지 않는 사람Gluttons for Punishement〉이라는 책이 있는데, 당시 퀸의 전설적인 투어 매니저 게리 스티켈스Gerry Stickells가 제작과 관련해서 썼다. 또 남미가 아니라 멕시코만 다루었다. 막대한 공연 장비들을 싸들고, 당시 지도에 없는 것이나 다름없는 남미를 드나드는 것은 엄청난 모험이었다. 점보기 몇 대 분량의 장비를 싣고 가서, 그런 장비를 본 적도 없는 곳에 설치했다. 처음 간 나라에서 축구 경기장을 가득 메운 청중 앞에서 연주해야 했다. 퀸의 존재감이 큰 것 같지도 않은데! 그러니 비행기를 타고 가면서도 진짜 공연을 하는 건지 별로 실감나지 않았다.

> "…… 어디 가든 무장 차량에 탑승했고,
> 자동화기를 갖춘 경관 마흔 명쯤이 오토바이를 타고 호위했다."

하지만 매니저 짐 비치는 현지 프로모터인 호세 로타Jose Rota와 몇 달간 이 공연 준비에 매달렸다. 호세는 경험은 없지만 퀸을 데려와 축구 경기장에서 대규모 공연을 열겠다는 열의가 대단했다. 역시 아무도 하지 않은 일이었다. 그 시절 아르헨티나는 정세가 무척 불안정했다. 소위 '장군들'이 통치하고 있었다. 비올라 장군이 권력을 쥐었고, '에비타' 이야기의 배경인 정치적 혼돈의

아르헨티나 중무장 오토바이 호위대와 함께.
'혹시 모를 불상사에 대비'한 동행이었지만, 사실은 이토록 유쾌했다.

무대 측면에서. 준비 완료

징, 팀파니, 앰프, 조명장비, 그리고 파란 하늘

음향 점검 시간에 내 앰프 뒤에서 본 광경. 맞다, 내 새로운 기내수하물!

야외 공연은 전혀 다르고 새로웠다. 야외에서 연주하려면 색다른 문제들이 생긴다. 기온 변화가 튜닝에 영향을 주고, 손가락이 너무 뜨겁거나 차갑고, 최악은 너무 습해서 손끝이 상하는 상황이다. 통증이 심하고, 난 아직도 이 문제를 극복하지 못했다. 최근 유럽에서 빗속의 야외 공연을 했는데, 내게는 고난이었고 로저도 손가락 때문에 고생했다. 한 소절 한 소절 연주할 때마다 통증이 있으면 최고의 연주를 하기 어렵다.

전면 음향 담당 트립 칼라프. 상파울루 모룸비 스타디움에서

무대 위 사운드 모니터 믹서에 앉은 짐 드베니

제임스 (트립) 칼라프 III James (Trip) Khalaf III는 우리 팀에 꼭 필요한 인물이었다(팀원 전부 마찬가지지만 트립은 단연코!). 매일 밤 극적으로 달라지는 상황에서 퀸의 전면 사운드를 믹싱하는 일은 어떤 음향 엔지니어라도 주눅이 들 만큼 힘겨운 일이었다. 하지만 칼라프는 아니었다. 그는 믹싱 데스크를 악기처럼 다루었고, 멤버들처럼 스타디움 공연을 감당하는 특별한 기술을 발전시켰다. 나중에 칼라프는 「라이브 에이드」에서 빼어난 솜씨를 뽐냈다. 무대에서 칼라프와 같은 일을 맡은 사람은 짐 드베니Jim Devenney였다.

짐 드베니 역시 출중한 팀원이었다. 무대에서 사운드 믹싱은 지독히 섬세하고 까다로운 작업이고, 뭔가 잘못되면 연주자는 일반적으로 모니터 믹서를 주시한다. 건스 앤 로지스Guns N'Roses 공연 때 '브라이언 메이 밴드'로서 찬조 출연한 적이 있다. 그때 공연 중간에 액슬 로즈Axl Rose가 사운드 믹서들을 내보낸 일이 기억난다. 퀸의 모니터 믹서도 쉽지 않았다. 특히 프레디의 요구가 무척 많았다. 하지만 프레디는 모니터(무대 위 폴드백 캐비닛, 즉, 라이브 공연에서 무대 위의 스피커를 말한다)와 떨어져서 노래했고, 당시는 인이어도 없었던 점을 상기하자. 프레디는 난리법석 소란스러운 속에서 자기 목소리를 듣고 음을 잡아야 하는 상황이었다. 하지만 짐은 최고 실력자였다. 소리에 대한 감이 뛰어났다. 청력이 매우 예민해서 우리가 문제를 감지하기도 전에 해결하곤 했다. 여기서 짐을 보니 반갑다.

사진 촬영 중 드물게 우리 넷이 찍은 사진. 언제 어디였는지는 기억나지 않는다.

남미 어딘가에서 같은 사진 촬영 중 프레디

1982
《핫 스페이스》

《핫 스페이스Hot Space》는, 만약 이전 앨범들에 일종의 '틀'이랄 게 있었다면 그걸 깬 앨범이었다. 슈가 쉑과 〈어나더 원 바이츠 더 더스트Another One Bites The Dust〉의 분위기를 극도로 확장해서, 음 쌓기 방식을 의도적으로 줄이고 리듬의 공간을 더 많이 확보했다. 마이클 잭슨은 자신의 《스릴러Thriller》가 이 앨범의 영향을 받았다고 말했다. 하지만 퀸 팬들의 반응은 엇갈렸다. 일부 팬들은 너무 멀리 갔다고 느꼈다. 퀸이 이 앨범으로 투어를 돌 때, 〈스테잉 파워Staying Power〉 연주가 가장 근사했고, 밀턴 케인스Milton Keynes의 라이브를 녹음했다.

밀턴 케인스에서의 로저. 그는 드럼과 함께 무대 뒤편에 있기 때문에 다른 멤버들보다 스테레오 촬영이 더 어렵다. 스테레오 사진은 근접 촬영을 해야 깊이감을 얻을 수 있기 때문이다. 이 경우 난 속임수를 썼다. 이 사진이 좋은 스테레오 샷이 될 것 같아 중국의 친구 '윌리엄 3D'에게 보냈다. 그들이 훌륭하게 전환한 이미지를 보내왔다.

《핫 스페이스Hot Space》의 재킷에는 멤버들의 얼굴이 담긴 4색 사각형을 널찍하게 배열했다. 드로잉은 커버를 위해 촬영한 이 사진들에 기초했다.

반달처럼 옆에서 조명을 비춘 이미지들이 마음에 든다. 사진작가들에게 나중에 작업할 수 있게 나를 두 장의 스테레오 샷으로 찍어달라고 부탁하는 습관이 있었다. 이 경우 내가 선명하지 않아서 나중에 스테레오 사진으로 만들 한 쌍의 이미지를 찾기가 아주 어려웠다. 그래도 제법 괜찮은 네 쌍을 찾아낼 수 있었다. 그림자에 약간의 작업을 했다. 기술적인 이야기지만, 사람들이 고개를 돌리고 카메라는 같은 자리에 있으면 스테레오 이미지를 얻겠지만, 조명이 변해 3D로 보는 게 어

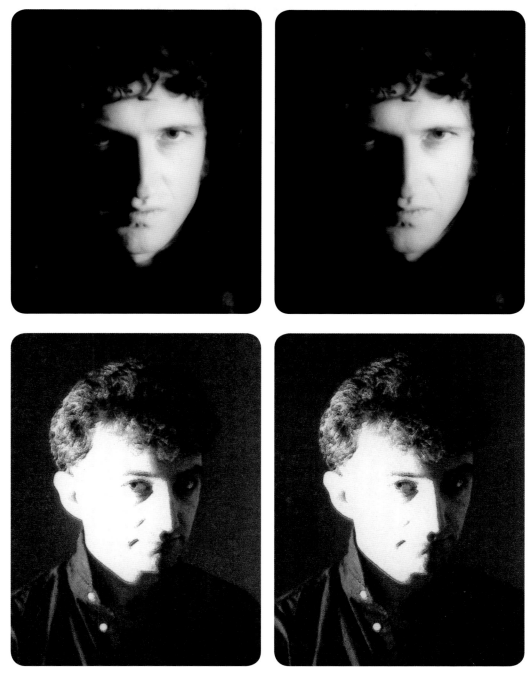

《핫 스페이스》의 재킷용으로 촬영한 사진들. 사이먼 파울러가 촬영했다.

려울 수 있다. 우주의 스테레오 사진도 소행성과 혜성이 그런 문제를 일으킨다. 우주선이 빠르게 지나면서 스테레오 이미지에 필요한 사진 두 장을 살짝 다른 각도에서 촬영한다. 그런데 우주선이 움직이는 때, 혜성이나 소행성도 태양에 맞춰 회전하면 모든 그림자가 변한다. 분화구가 다르게 빛을 받아 수정이 필요해진다. 그래서 이 얼굴 사진들도 완벽한 스테레오 이미지가 아니다. 미안합니다! 하지만 특별한 분위기가 깃들어 있으니까요!

1983

라디오 카카? 《라디오 가가》!

'퀸 라디오 가가 뮤직 비디오(이제 이 용어는 일상적으로 사용된다)' 는 1983년 11월 23일과 24일 양일에 걸쳐 셰퍼톤 스튜디오 *Shepperton Studios*에서 촬영되었다. 우리는 주로 첫날 찍고, 이튿날은 초대받은 퀸의 열성 팬 백 명을 엑스트라로 참가시켰다! 그 자리에 있던 사람에게는 잊지 못할 날이었으리라.

로저가 쓴 합창 부분의 첫 가사가 "올 위 히어 이즈 라디오 카카 *All we hear is Radio CaCa*"였다는 사실을 아는 사람이 많으려나? 우리가 그 가사로 녹음한 줄은 더 모르겠지! 로저의 세 살배기 아들 펠릭스는 어머니가 프랑스인이어서 '카카*caca* ['응가']'가 뭔지 알았을 것이다! 그게 로저에게 영감을 주었고…… 결국 멋진 비디오가 탄생했고, 비디오가 노래의 유행을 끌어냈다. 감독 데이비드 몰릿*David Mallet*(재능이 뛰어나고 혁신적인 사람으로 오랜 친구)을 비롯해 다 같이 열심히 작업한 만족스러운 결과물이다.

〈라디오 가가〉를 촬영 중인 발코니 위의 프레디. 이 비디오는 수백 만 명이 봤지만 3D는 아니었다.

〈보헤미안 랩소디〉의 클립을 만들면서 퀸은 뮤직비디오의 아이디어를 내는 걸로 유명해졌다. 노래에 생명력을 불어넣을 비디오가 되도록 창의력을 쏟았다. 늘 성공한 건 아니다. 때로는 비디오가 곡의 이해에 도움이 되지 않기도 했다. 하지만 제대로 만든 것들이 있었고 최고봉은 〈라디오 가가〉였을 것이다. 여기에는 몇 가지 요소가 있다. 우선은 감독인 데이비드 몰릿의 신중한 사전 준비. 데이비드는 그때도 지금도 시대를 초월해 가장 비주얼적으로 뛰어난 뮤직 비디오 감독으로 꼽힌다. 크레인으로 카메라가 콘서트홀을 날아다니며 청중의 머리 위에서 줌 하는 아이디어를 도입한 장본인이다. 이 기법 덕분에 시청자에게 생생한 현장감이 전달되었고, 스테레오 촬영 없이도 3D에 가장 근접한 이미지를 얻을 수 있었다. 비디오의 콘셉트는 1927년작 영화 「메트로폴리스Metropolis」[프리츠 랑 감독의 SF 영화]의 스타일로 혁명을 그리는 것이었다. 적어도 우린 머릿속에 「메트로폴리스」를 가지고 작업했다. 왜냐하면 일전에 조르조 모로데르Giorgio Moroder[이탈리아 출신의 디스코 전자음악의 거장]가 「메트로폴리스」 복구판의 사운드트랙을 퀸에게 부탁했기 때문이다. 그건 결국 프레디의 솔로 트랙이 되어버렸지만(나중에 퀸 버전의 발라드 〈러브 킬스Love Kills〉로 바꾸긴 했다), 그 대가로 프리츠 랑Fritz Lang 감독 영화의 멋진 장면 일부를 쓸 수 있었다. 영화 속 신비로운 도시의 거리와 날아다니는 기계 장면이 뮤직비디오에 담겼다.

데이비드 몰릿이 뮤직미디어에 영화 장면을 섞자는 아이디어를 내서, 프레디가 영화 속 소녀처럼 큰 시계를 돌리는 장면을 넣었다. 3D 풍경을 배경으로, 우리가 「메트로폴리스」에 나올 것 같은 차를 타고 거리 위를 나는 장면도 있다. 판지 건물들을 움직이는 벨트에 붙이고, 계속 돌아가는 벨트를 촬영했다. 손잡이를 돌려 벨트를 움직이고 카메라는 건물 윤곽선을 곧바로 보면서 찍었다. 비디오를 보면 날아다니는 기계가 실제로 하늘을 나는 것 같다. 비디오를 완성하기 위해 우리는 (농담조였고 비평가들은 몰랐지만) 혁명 지도자들로 등장해야 했다. 에바 페론Eva Peron 같은 영웅적 분위기를 풍기면서 '프롤레타리아' 집단 앞에 서서 혁명을 일으키라고 독려했다. 이 장면을 위해 퀸 팬들에게 와서 혁명군이 되어달라고 요청했고, 그들은 늘 그렇듯 멋지게 해냈다. 흰 작업복과 후드 차림으로 비디오 속에서 뭘 해야 되는지 간단한 교육을 받았다. 매사 완벽하게 진행되었고, 그 장면도 3D로 촬영되어 정말 기쁘다.

즐겨 사용하던 35mm 스테레오 리얼리스트로 일부 사진을 직접 찍었고, 우리가 촬영에 들어갈 때는 남에게 카메라를 맡겼다. 전문 사진작가인 친구 사이먼 파울러Simon Fowler였을 것이다. 그가 멋진 발코니 장면을 스테레오로 촬영했다. 나와 데니스 펠레린은 '부엉이 안경'에 맞을 사진을 찾다가 오리지널 3D 슬라이드를 발견해서 12장의 스테레오 카드로 구성해서 출시했다. 여기 사진들은 카드 세트에 포함되지 않은 것들이다. 물론 이 장면들이 필름에는 모두 담겨 있고, 현재는 모두 디지털로 전환되었다. 시간을 많이 들여 필름을 세척하고 편집했다. 하지만 그날 그곳의 분위기가 아주 제대로 살아 있다.

이 대목에서 도움을 요청하면 항상 근사하게 응답해 준 팬들에게 심심한 감사 인사를 하고 싶다. 〈위 아 더 챔피언스We Are The Champions〉와 〈브레이크 프리Break Free〉 때도 열정적으로 도와주었다. 사이먼 파울러에게도 감사드린다.

영화 속 한 장면처럼, 시계를(시간을) 되돌리는 프레디

작업 중인 팀, 오른쪽이 데이비드 몰릿 감독이다.

날아다니는 기계 장면을 준비 중인 존과 프레디

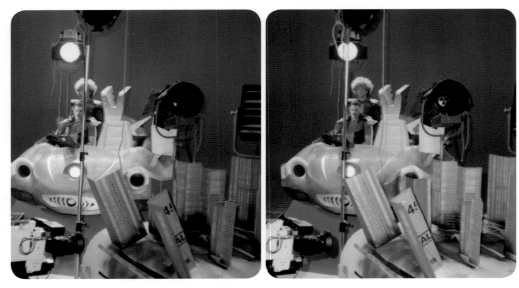

도시 풍경 장면에 동원된 계속 움직이는 벨트

필름을 마지막으로 확인하는 몰릿 감독. 내가 저기 있었으면 더 좋았을 텐데!

갑자기 튀어나와 등장하는 프레디. 그는 늘 '등장하기'를 즐겼다.

발코니 장면. 뒤쪽의 톱니에 주목할 것. 후속 앨범 《더 워크스》의 테마였고 라이브 공연에서 사용되었다.

흠. 비디오 전체를 3D로 찍지 않아서 너무 아쉽다! 언젠가 누군가 변환해 주겠지.

혁명가들 (혹은 프롤레타리아들)

경례!

박수 두 번, 짝, 짝!

"라디오 가가" 합창과 함께 '머리 위로 박수 두 번' 장면은 퀸이 이후 「더 워크스」 투어를 돌 때 공연의 시그니처가 되었다. 이제는 놀랍게도 세계 공통의 언어가 되었고. 곡의 인상을 단번에 결정짓는 킬링 파트인데, 사실은 맥이 우리가 합창에 넣은 박수 한 번에 반복되는 에코를 넣으면서 우연히 만들어진 것이었다. 그 에코 사운드를 몰릿 감독이 포착해서, 퀸의 박수 두 번에 '프롤레타리아들'이 따라서 치면 이 곡의 확실한 개성이 된다고 봤다. 「라이브 에이드」 비디오에 웸블리 스타디움의 7만 2천 청중이 이 장면을 연출하는 황홀한 순간이 나온다. 「라이브 에이드」의 티켓 판매 시점이 퀸의 참가가 발표되기 이전이었다는 사실이 더 놀랍다! 청중이 모두 퀸의 팬들은 아니었다는 말이니, 이 비디오의 파괴력이 놀라울 밖에. 세상은 확실히 그 이전과 이후로 달라졌다.

재미있는 사실 하나! 사람들이 〈라디오 가가Radio Ga Ga〉와 발 두 번 구르고 박수치는 〈위 윌 록 유We Will Rock You〉를 매우 헷갈린다. 요즘은 언제 어느 팔다리를 움직여야 되는지 정확히 아는 사람이 없을걸! 하지만 콘서트에서는 제대로 되는 것 같다.

플로어에서 올려다 본 장면

세트의 거대한 규모를 가늠해 볼 수 있다.

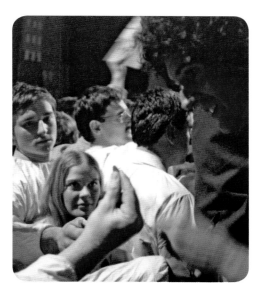 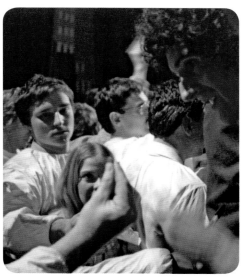

즐거운 순간. 픽(물론 6펜스짜리 동전), 고마워요! 이들이 사진들을 보고 추억을 되새길 수 있으면 좋겠다.

덧붙여서. 〈라디오 가가Radio Ga Ga〉는 퀸이 가장 막대한 비용을 들인 비디오에 속한다. 자그마치 11만 파운드가 들었다. 이후 밴드들이 쓰는 엄청난 액수에 비하면 약소해 보이겠지만. 요즘은 공 들인 비디오 한 편에 50만 파운드를 들이는 경우도 아주 드물지는 않다.

1984
해골 기타로 노래한
'하드 라이프'

또 다른 뮤직비디오 촬영 현장. 이번 곡은 〈잇츠 어 하드 라이프 It's A Hard Life〉. 뮌헨에서 촬영했다. 내가 좋아하는 프레디의 곡이다, 일부 가사는 둘이 함께 썼는데, 특이하게도 서로가 쓴 어휘나 구절들에 살짝씩 변화를 주니 심오한 의미가 담겼다. 노래의 핵심 주제를 탐구해 가면서, 어떤 종류의 성이나 사랑인지는 중요하지 않다는 사실을 의식했다. 버림받고 외로운 감정과 진짜 사랑의 의미가 무엇인지 이야기하는 곡이었다.

여기 그가 있다…… 내 아카이브에 산다…… 이 나이 그대로...

이 곡을 만들려고 녹음실에서 보냈던 소중한 순간들이 떠오른다. 투명하고 따뜻하고 멋진 음색, 프레디가 가장 진술하게 노래한 트랙일 것 같다. 갑자기 떠올라서 쓴 곡이 아니라, 당시 마음의 상처가 컸던 프레디에게 목소리를 준 노래였다. 나 역시 비슷한 상황을 겪는 중이라 가볍게 연주할 수 없었다. 밴드 전원이 (네 명 각자대로) 노래 내용과 무관하지 않았다. 이렇게 말하니 노래의 진정한 주제와 다른 비디오를 만든 것 같네! 비디오를 어떻게 만들지는 작곡자가 선택하는 게 퀸의 관례였고, 이 곡은 프레디가 썼다. 그래서 프레디가 〈아이 원트 투 비 어 트리I Want To be A Tree〉라는 곡으로 유명한 감독 팀 포프Tim Pope와 이런 아이디어를 냈다. 화려하고 호화로운 배경에서 프레디가 〈잇츠 어 하드 라이프〉를 부르면서 돌아다니는 것. 의도한 아이러니여서, 당시 우리(나머지 멤버 셋)는 이해하지 못했다. 아니, 이해했지만 좋아하지 않았다는 게 맞겠다. 바로크 풍 의상을 입고 하는 촬영이 영 내키지 않았다. 카니발을 여는 베니스 분위기의 의상이라니. 그런데 그 의상이 주제와 관계가 있다. 이런 사연을 털어놓는 것은, 비디오를 이해하고 보면 훨씬 더 좋을 것 같아서다. 프레디가 즐기며 살았던 방종이 드러나 있었다. 그는 상심했지만 온갖 쾌락에 빠진 듯한 연기를 하며 위로 받았을 것이다. 요즘 생각은 어떠냐고? 쓸모없는 일이었던 것 같지 않다. 또 다행히 스테레오 카메라로 비디오 제작 현장을 많이 스케치해 두었다. 아주 독특한 상황 속의 퀸 3D 사진을 이번에 처음으로 공개한다. 실은 편집자가 헤어드라이 상자에서 (164쪽의 내 소지품 사진에도 나온) 이 필름을 찾아냈다. 브라보!

꼬박 이틀간 약간 이상하고 겉도는 기분으로 비디오를 촬영했다. 요즘은 흔한 일이다. 촬영 시간의 90퍼센트는 조명이 설치되고 세트가 옮겨지기를 기다리면서 얼쩡대며 보내니까. 그러면 내 비디오인데도 엑스트라 배우가 된 것 같다. 하지만 이 비디오 촬영 때는 세 멤버들이 모두 소외감을 느꼈고, 특히 로저는 현장을 박차고 나갈 뻔했다. 이 전형적인 사진 두 장에서 존과 로저가 지루해 하는 목소리가 들릴 것 같다.

적어도 난 마음에 드는 배역을 맡았다. 내가 직접 디자인한 해골 기타를 든 죽음의 신 역할이다. 셰퍼톤 스튜디오의 재주 있는 소품 담당자가 기타를 제작했다. 패션 소품이지만 소리가 나긴 했다. 줄을 매서 뜯을 수 있었다. 나의 스케치로 멋진 특이한 소품이 탄생했다. 세월이 흐르고 이 기타는 3D 애니메이션 영화 「원 나이트 인 헬One Night in Hell」에 등장했다. 난 해골과 뼈대에 매료된 상태였다. 프랑스의 입체 걸작인 '디아블러리Diablery'들을 수집하는 중이었으니까. 빛에 대면 멋진 색깔이 튀어나오고 해골 눈이 빨간색으로 번쩍인다. 데니스와 나는 최초로 '디아블러리'들을 전부 모아 역사를 기록한 책(제목은 『지옥에서의 입체 모험 Stereoscopic Adventures in Hell』)을 '부엉이 안경'과 함께 발간했다. 이 1860년대 장인의 솜씨를 거의 전부 즐길 수 있다. '거의 전부'인 것은 카드 한 장을 아직 못 찾았기 때문이다. 언젠가 누가 짝을 맞추겠지! 맞다! 광고다. 난 영원히 '디아블러리'에 애착을 가질 것이다.

"지루해."

"나도."

강력한 조연, 브라이언!

이 사진에서 어울리지 않는 아이템을 찾으시오! 물론 해골 기타는 아니고. 나도 아니고.

설명을⋯⋯ 쓸 말이 없네!

가발 타임

〈잇츠 어 하드 라이프〉 촬영 중 오랫동안 조명 밑에 있었던 기억이 난다. 그러다가 휴식 시간이 되면 뮌헨의 여름 햇살 아래로 나가 앉아 샌드위치를 먹곤 했다. 집을 떠나 위험한 집이 된 뮌헨. 뮌헨 친구들이 같이 모여 수다를 떨었다. 당시 프레디의 가슴을 아프게 하느라 바쁜 남자도 거기 있었고, 당시 내 가슴을 아프게 하느라 바쁜 여자도 거기 있어서 묘한 기류가 흘렀다. 전반적인 분위기가 기억난다. 인생? 예술? 터무니없고 화려한 비디오를 찍는 록 스타였지만, 한편으로는 어두운 감정과 씨름하는 인간들이었다. 하지만 음악이란 그런 것이고, 시인이나 작곡가나 어떤 장르의 예술가나 그런 거니까. 음악은 영혼의 언어이고 심장의 언어니까. 달리 표현할 수 없는 것을 음악으로는 말할 수 있다. 난 그렇게 믿는다.

프레디가 유명한 '지중해 새우' 의상을 입고 요란한 가발을 쓴 사진. '지중해 새우'라는 현란한 이름을 지어준 사람은 로저였다. 멤버들이 이 의상을 놀려댔지만 프레디는 잘 받아넘겼다.
"너희들 시끄럽고. 이건 내 파티거든."
프레디는 이런 태도로 일관했다.

'지중해 새우' 의상을 입고서. 미안, 프레디!

내가 로저의 사진을 찍는 사진. 로저는 이 사진을 찍는 게 싫었고, 모든 것에 짜증이 묻어났다. 하지만 이 사진 덕에 스테레오 리얼리스트가 아닌 일로카 래피드 카메라의 역량을 볼 수 있다. 리얼리스트와 아주 비슷하게 작동해서 좋은 이미지를 만들어냈다. 아쉽게도 빛이 부족해서 최상의 사진은 아니다. 느린 셔터 스피드를 사용해야 했다. 물론 노출은 짐작으로 정해야 했고…… 카메라에 노출계가 장착되지 않았던 시절이니.

로저, 거울 속에 포토그래퍼가 보인다

깊은 생각에 잠긴 로저

다음은 분장실에서 내가 평범한 사내에서 죽음의 신으로 변하는 사진들이다.

이전 – 분장실 셀카

도중 – "나는 죽음이다!" 사신으로 변신 중

이후 – 잔뜩 치장한 나. 이런! 이 재킷을 보관할걸!

보다시피 꽤나 돈이 많이 드는 일이었다. 퀸 팬들이 봉사해 준 것이 아니라서! 이런 호화스러움이 다 돈이다!

자극적인 의상의 여자들만 있는 게 아니었다. 이 사내가 마음에 든다. 어딘지 네덜란드 명화를 연상시키는 이미지.

이 사진도 좋아. 빅토리아 시대 자체.

팀 포프 감독. 도전적인 눈빛! 살짝 광기도 느껴지지 않나?

1984
《더 워크스》 브뤼셀 투어

「더 워크스」 유럽 투어는 1984년 8월부터 9월까지 진행되었는데, 브뤼셀 공연이 두 번 있었다.

브뤼셀과 얽힌 사연이 길다. 벨기에는 네덜란드와 함께 초기부터 퀸을 진심으로 받아준 나라다. 그런데 이전에 포레스트 나시오날Forest Nationale에서 공연할 때 오프닝과 동시에 상승해야 할 거대한 크라운 조명 기구가 오히려 절반쯤 주저앉는 사고가 일어났다. 다행히 1984년 9월 같은 공연장을 다시 찾았을 땐 모든 것이 순조롭게 진행되었다. 당시 네덜란드에서 공연을 보러 왔던 페

공연의 클라이맥스를 향해 치닫는 프레디! 아, 저 기타. 크림빛 도는 흰색 펜더 텔레캐스터. 프레디가 무대에서 기타를 연주하는 사진은 많지 않은데, 여기서 엘비스 스타일로 기타를 매고 뽐내는 프레디를 볼 수 있다. 라이브 공연 때 어쿠스틱 기타로 시끄러운 밴드와 연주하기란 무척 어려운 일이라서 (요즘도 여전히 쉽지 않다) 프레디는 텔레캐스터를 선택했다. 모양새도 관계 있었을 것이다. 안타깝게도 저 기타는 30년 전 런던의 창고에서 사라진 후 다시 나타나지 않았다. 어딘가 있겠지만 아무튼 우린 보지 못했다. 쉽게 구별되는 장물이니 누군가 숨겨두고 있는 것 같다. 양심적인 사람이 언젠가 돌려주겠지. 난 누이 뻘인 같은 빈티지의 검정 텔레캐스터를 소장하고 있다.

프레디는 이런 머리를 하고 〈위 윌 록 유We Will Rock You〉와 〈위 아 더 챔피언스We Are The Champions〉를 불렀다. 당연히 〈잇츠 어 하드 라이프It's A Hard Life〉의 '지중해 새우' 가발이다.

'피자 오븐'보다 훨씬 큰 조명. '날아다니는' 조명등의 자루 안에 스포트라이트 기사가 탔다. 사진에서 조명등 자루들이 서로 반응한다. 자루 속 조명기사가 크레인으로 움직이면서 스포트라이트를 직접 쏘았다. 조종기의 사수처럼. 우린 공연 중 조명과 소통할 수 있어서 좋았다.

젊고 날씬하면 흰 무대 의상은 효과 만점!

1986
마지막 투어

이제 프레디와 함께 한 마지막 투어로 급히 넘어가 보자. 물론 그땐 퀸의 유럽 스타디움 투어가 원년 멤버들의 마지막 투어가 될 줄 아무도 몰랐다. 우리조차. 퀸의 처음이자 마지막인 유럽 스타디움 투어였고, 솔직히 말하면 처음으로 이익을 냈다. 그전에는 늘 '공연을 최대치로 끌어올리기 위해' 투어 이익금 전액을 재투자했다. 잠시 우리 넷이 유럽 거리를 누비는 무대 밖 모습을 보자.

앞 장의 사진을 제공한 네덜란드의 팬, 페테가 이번 장의 스테레오 사진들도 보내 주었다. 그런데, 프레디가 호텔 밖에서 참을성 있게 사인을 해 주고 있다! 늘 이런 인내심을 발휘하지는 않았는데. 프레디가 사인하는 사진은 극히 드물다. 평소 그는 사인하는 일에 별로 열의가 없었다. 프레디는 일의 우선순위를 명확히 정하고, 중요한 일에 몰입했다. 요즘은 세상이 달라졌다. 누구나 사인을 받고 휴대폰 카메라로 셀카를 찍기 원하고, 심지어 자기 엄마랑 통화를 부탁한다. 못 살아!

비엔나, 1986년 7월 21일

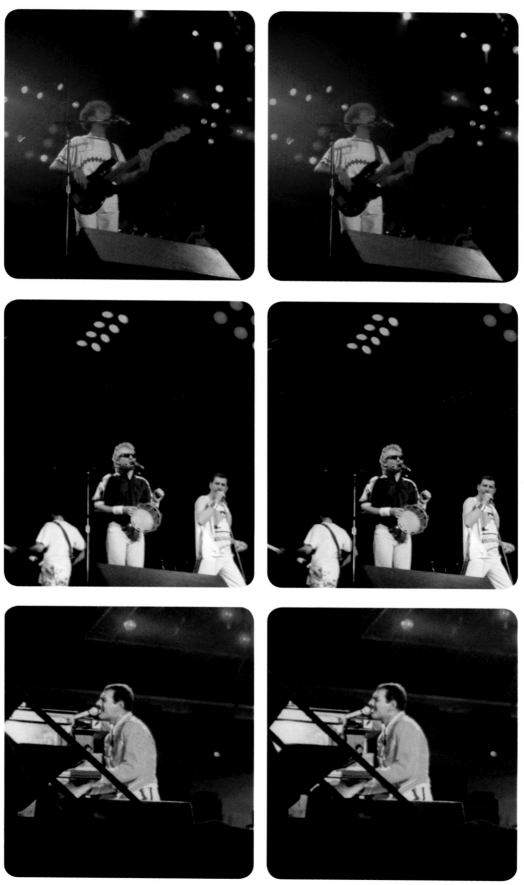

투어에 가지고 다니는 스타인웨이 피아노로 연주하는 프레디

웸블리 스타디움

1985년 「라이브 에이드」는 전설이 되었다. 밥 겔도프Bob Geldof의 획기적인 '글로벌 주크박스' 공연이었다. 퀸은 청바지와 티셔츠 차림으로 무대에 올랐다. 일반적인 조명이었고 (아무튼 낮이었으니) 다른 팀들과 음향 장비를 공동으로 사용했다. 음향 점검도 없었다. 퀸이 (특히 프레디가) "쇼를 훔쳤다!"고 역사에 기록되었지만 사실 계획된 게 아니었다. 그저 밥 겔도프가 단단히 이른 대로 했을 뿐. "히트곡들을 연주해!" 그런데 역사적? 그랬다. 「라이브 에이드」는 세상을 바꾸었고, 퀸

을 받아들이는 대중의 시선을 바꾸었고, 우리를 바꾸었다. 그래서 1년 후인 1986년, 유럽 그랜드 슬램의 하이라이트라고 할 공연장에 다시 섰다. 기념비적인 웸블리 스타디움을 꽉 채운 퀸 팬들 앞에서 이틀간 공연했다. 매진 그 이상이었던 '넵워스 파크Knebworth Park' 공연과 더불어 퀸 여정의 클라이맥스였다. 258쪽에 나와 가족이 넵워스로 가기 위해 헬기에 탑승하는 사진이 있다. 아무도 몰랐지만 그게 한 시대의 마지막이었다.

2002
록 뮤지컬 「위 윌 록 유」

여기 적는 몇 마디 말은 물론이고 어떤 표현으로도 뮤지컬(혹은 록 연극)「위 윌 록 유We Will Rock You(WWRY)」의 대장정을 다 설명할 수 없다. 2002년 런던 개막 후, 지난 15년간 전혀 다른 세계의 퀸 활동이었다. 뮤지컬은 도미니언 씨어터Dominion Theatre에서 개막한 후 12년간 신기록 행진을 이어가며 전 세계에서 찾아온 다양한 관객들을 즐겁게 했다. 매일 밤 퀸 팬이 아니더라도 '활기'를 느끼려고 찾아온 관객들은 자기도 모르게 공연에 참여했고, 흥얼대고 주먹을 흔들면서 극장을 나섰다. 나로서는 일이 더 많아졌다. 작가이자 연출자인 벤 엘튼Ben Elton, 제작진, 뮤지션들, 뛰어난 남녀 배우들로 이루어진 훌륭한 팀과 작업했다. 이들은 가족이 되어 강단 있고 즐겁게, 문제 해결 능력을 발휘해서 쇼를 '무대에 올렸고' 끌어갔다. 「WWRY」는 전 세계로 퍼져서 각각 특색을 더한 공연으로 뿌리내리고 있다. 오스트레일리아, 독일, 일본, 심지어 유람선에서 여전히 관객들을 전율하게 한다. 요즘 런던 토튼햄코트 로드에 있는 도미니언 씨어터 앞을 지날 때마다 거기 세워진 금빛 프레디 동상을 바라본다. 특별한 날 로저와 무대에 설 때면, 예전 공연들이 어제 일처럼 강렬하게 느껴진다. 언젠가 「WWRY」가 런던 하늘 아래로 돌아오겠지.

「WWRY」 마지막 공연에 함께한 나와 로저. 2014년 5월 31일 런던 도미니언 씨어터. 12년을 이어온 공연의 마지막 무대.

2013년 10월 15일 볼티모어 「WWRY」 개막 공연. 로저, 출연진, 작가 겸 연출자 벤 엘튼과 함께

도미니언 씨어터 입구에 있는 프레디 동상. 10여년 사이 런던의 랜드마크가 되었다.

「퀸 50주년 콘서트」에 「WWRY」 전 출연진이 딱 하룻밤 등장했다. 나는 버킹엄 궁의 지붕에서 인생이 바뀌는 순간을 경험했다.

나는 오리지널 런던 「WWRY」에서 '미트' 역을 뛰어나게 해낸 케리 엘리스와 장기적인 공동 녹음과 투어를 이어가고 있다.
우리의 새 앨범 《골든 데이스Golden Days》 재킷 촬영 중 사진작가 앤드류 휘턴이 촬영.

2005

"올 라잇, 나우!"
퀸+폴 로저스

원년 멤버들의 '퀸' 공연 이야기들을 마쳤으니, 이제는 프레디가 우리 곁에 없는 시기로 넘어가 보자.

사실상 아쉽게도 우린 존 디콘도 잃었다. 프레디가 떠난 후 존은 우리와 한동안 함께했다. 내가 쓴 〈노 원 벗 유No-One But You〉를 녹음해서, 몽트뢰에서 열린 프레디 동상 제막식 때 프레디에게 헌정했다. 뮤직비디오도 찍었다. 1997년 1월 파리 「모리스 베자르 발레 Maurice Bejart Ballet」 개막식 클라이맥스에서 〈더 쇼 머스트 고 온The Show Must Go On〉도 연주했다. 노래는 엘튼 존이 부르고.

폴 로저스, 어딘지 모르겠다!

하지만 이 쇼 이후 존은 더 이상 퀸 활동에 참여하지 못하겠다고 밝혔다. 존은 로저와 내가 다양한 작업을 계속하는 데 찬성했다. 현재 그는 조용한 파트너로 남아 있고, 늘 그랬듯 재정 부분만 꼼꼼히 챙긴다. 존은 나머지 우리와 달리 항상 비즈니스를 아는 멤버였다. 그때부터 퀸을 끌고 나가는 것은 로저와 내 몫이다. 그만두는 결정도.

솔직히 오래 전부터 로저도 나도 다 끝났다고 느꼈고, 둘 다 평온했다. (오늘까지도) 프레디를 '대신할' 인물을 찾은 적이 없다. 하지만 매일 퀸 '업무'를 수행했다. 별일 아닐 것 같지만 사실 퀸은 계속 살아서 굴러가고 있다. 우리가 원하든 아니든 말이다. 퀸 음악이 전 세계에서 다양한 생명력을 발휘하는 모습이 놀라울 정도다. 매일 영화, 광고, 공연에 퀸 곡을 사용하고 싶다는 요청이 들어오고, 다양한 컴필레이션[여러 곡을 편집해서 만든 음반이나 영화] 작업 의뢰도 온다. 우린 프레디가 떠날 당시 남아 있던 녹음들로 새 음반《메이드 인 헤븐Made in Heaven》을 제작했다. 중요한 일이었지만, 그것으로 끝이었다. 어느 도시에 가서 멋진 아레나를 보면서 '아, 예전에 우리도 저렇게 공연했지만 다시는 못 하겠구나. 이제 그건 다른 사람들에게 맡겨야지'라고 생각했던 기억이 난다. 로저나 나나 각자 많은 작업을 했다. 우린 과거가 아닌 미래를 원했다. 하지만 늘 배경에 퀸의 긴 그림자가 있었다. 그걸 그림자라고 할 수 있다면. 하긴 우리가 한동안 피한 것은 무척 밝고 멋진 것이었으니 그림자도 있겠지. 프레디를 잃고 몇 년간 그 이야기를 꺼린 것은 프레디와 퀸을 추모하는 과정이었을 것이다. 난 내 밴드와 솔로 앨범을 두 장 만들었고 두 번의 장기 월드 투어를 했다.

"아마도 역사상 가장 뛰어난 백인 블루스 가수."

어느 밤 나는 펜더Fender 기념일 공연에서 퀸 초창기의 영웅, 폴 로저스Paul Rodgers와 연주했다. 그가 이끌던 그룹 '프리Free'는 퀸에게 지대한 영향을 미쳤다. 나는 그날 무대에서 폴 로저스와 함께 프리의 〈올 라잇 나우All Right Now〉를 연주했다. 아마도 역사상 가장 뛰어난 백인 블루스 가수인 폴 로저스와. 그것은 모든 기타리스트의 꿈이었다. 사실 몇 해 전 세비야에서 「기타 레전드 록 나

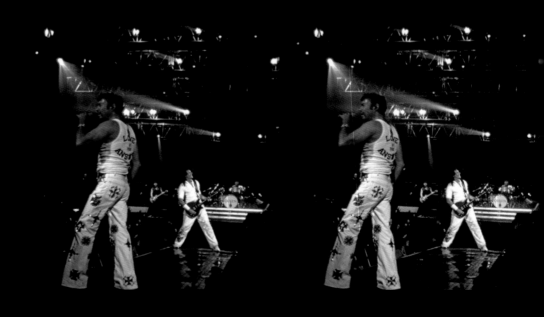

이트」를 펼치면서 폴과 공연한 경험이 있었다. 아무리 눈부시고 노련한 기타리스트도 〈올 라잇 나우〉의 코드를 칠 기회를 준다면 얼른 달려올 것이다. 더구나 곡의 공동 작곡가가 옆에 서 있다면. 이 한 번의 공연 후 폴과 내가 무대에서 내려오자, 분장실에서 폴의 아름다운 부인이 환하게 웃으며 말했다. "뭐, 다 있네요, 그렇지 않아요? 드러머만 있으면 되겠어요." 난 잠깐 생각하다가 대답했다. "저기, 사실 아는 드러머가 있습니다." 그래서 우리는 생각했다. 흥미로운 일을 벌일 가능성이 있겠다고!

간단히 말하면 나는 로저와 통화했고, 몇 주 후 우린 폴과 작업하고 있었다. 시험 삼아 콘서트 두어 번으로 시작했는데, 결국 4년간 전 세계를 도는 연이은 투어로 끝났다. 관련자 모두에게 흥미로우면서도 도전적인 일이었다. 우린 퀸의 뿌리에서 약간 뒤로, 그러니까 블루스 쪽으로 더 갔고, 프리와 배드 컴퍼니Bad Company의 히트곡들의 연주를 즐겼다. 또 퀸의 히트곡들을 새롭게 해석하는 것도 신선했다. 폴은 평소 스타일에서 크게 벗어났고, 그가 다른 세계에 자신 있게 발을 내딛는 데 모두 놀랐을 것이다.

경우 퀸 팬들은 원년 멤버들의 음악을 원하는 듯하다. '퀸+폴'의 콘서트 실황 DVD가 3장 나와 있다.《리턴 오브 더 챔피언스Return of the Champions》(셰필드 라이브),《슈퍼 라이브 인 재팬Super Live in Japan》,《라이브 인 우크라이나Live in Ukraine》. 자랑스러워할 만한 공연이라고 말해야겠다.

퀸 역사의 또 한 장이 이렇게 끝난다.

2012
'마'담 램버트 등장

폴 로저스와의 투어를 마친 후 나와 로저는 똑같이 이렇게 생각했다. "이제 끝났다." "그래, 이것이 마지막 퀸 투어였다." 프레디처럼 노래하는 가수를 찾아보지 않았고, 스타를 찾는 텔레비전 쇼를 시작하지도 않았다. 그저 조용히 우리 일을 해나가는 일상으로 돌아갔다. 그런데 운명이 끼어들었다. 신이 내린 선물인가?!

아담 램버트

2009년 소셜미디어가 지배하는 시대로 접어들면서, '아이돌' 오디션 성격의 TV 쇼도 유행하게 되었다. 내게 갑자기 이런 메시지가 쏟아졌다. "「아메리칸 아이돌」에서 퀸의 곡을 노래한 대단한 출연자가 있는데 시즌 우승자가 될 것 같아요." 궁금해서 즉시 유튜브를 찾아보았다. 정말 〈보헤미안 랩소디Bohemian Rhapsody〉를 부르는 젊은 친구가 있었다. 아담 램버트였다. 보통을 넘는 실력인 것은 분명했다. 내 이메일 편지함이 "이 사람과 함께해야 됩니다. 타고난 프레디 후계자에요. 같이 투어 해야 될 인물이라고요"라는 메일로 가득찼다. 그런 와중에 로저와 내가 로스앤젤레스에서 「아메리칸 아이돌」의 결선 진출자 두 명과 연주해 달라는 초청을 받았다. 한 명이 아담이었다. 우린 거기 가서 두 젊은이와 드라마틱한 라이브 공연을 했고 참 재미난 경험이었다. 둘 다 훌륭한 가수였고 무대 매너가 좋아서 함께 연주하기가 수월했다. 하지만 우리와 아담 사이에 확실히 공감대가 있었다. 완전히 자연스럽게 풀려나가서 모두가 미소 지었다. 대중의 반응이 엄청났고, 그 순간부터 아담과 연주한다는 생각이 머릿속에서 싹튼 것 같다.

"우리와 아담 사이에
확실히 공감대가 있었다"

하지만 그러기까지 한참 걸렸다. 이런 프로그램의 출연자들이 대개 그렇듯 아담도 경연 후 계약을 했다. 그는 우승하지 못했지만 우승 여부와 상관이 없었다. 아담은 이미 팬들과 미디어의 주목을 받는 스타였고, 그건 퀸 덕분이 아니었다. 때가 무르익었는지 우리가 벨파스트에서 열리는 시상식에 초대받았을 때 아담도 같은 행사에 왔다. 무대에 함께 올라 어떻게 될지 보면 재미있을 것 같았다. 이틀간 리허설을 한 후 브리티시 TV에서 완전 라이브로 (늘 그러듯이) 〈더 쇼 머스트 고 온The Show Must Go On〉, 〈위 윌 록 유We Will Rock You〉, 〈위 아 더 챔피언스We Are The Champions〉를 연주했다. 반응은 뜨거웠다. 만장일치로 '이거 잘 되는데'였다. 그래서 당장 생각하기 시작했다. '몇 번 공연해 보며 상황을 지켜 보자.'

일이 금방 커졌고 퀸과 아담은 장기적이고 알찬 공동 작업을 시작했다. 아담은 우리의 일원이 되었다. 가족이 되었다. 아담은 결코 프레디가 되려 하지 않았고, 그런 이유로 팬들에게 사랑받을 것이다. 물론 특출한 무대 매너를 가진 특출한 가수라는 이유도 있지만. 지금껏 로저와 나는 뮤지컬 「WWRY」의 (런던 토튼햄 코트 로드에 있는 도미니언 씨어터에서 12년간 공연한) 오디션을 본 재주있는 가수들을 포함해 수천 명의 가수를 접했다. 하지만 아담 같은 소리는 들어본 적이 없었다. 난 늘 프레디가 있다면 심술궂은 미소를 지으면서 "미워 죽겠네, 마담 램버트" 하고 말할 거라고 생각한다. 우리 넷이 만든 곡들을 아담이 재해석하는 능력에 프레디도 충격 받을 테니까. 아담과의 투어를 용서받지 못할 일로 보는 이들도 있다. 우리가 짐 싸서 양로원에 들어가야 된다는 것이다. 하지만 노인층뿐만이 아니라 최소한 두 세대의 세계인이 퀸 음악과 사랑에 빠진 게 확실하다. 퀸 음악이 삶 속에 녹아들어서 이들은 우리와 이 '아이'의 라이브 연주를 보고 싶어 한다. 이제 아담도 전보다는 나이 들었지만 늙은 두 로커에 비하면 소년이다. 하지만 나이차는 중요하지 않다. 우리는 일에 대해 같은 윤리관을 가졌고, 똑같이 노래를 즐긴다. 아레나와 넓은 공연장에서 난 행복한 얼굴들을 본다. 우리처럼 청중도 프레디가 떠나고 오랜 후에도 이런 순간을 나누는 것을 소중하게 여긴다. 게다가 정말이지 재미있다!

아담 램버트, '신의 선물'!

무대의상은 늘 중요하다. 〈렛 미 엔터테인 유Let Me Entertain You〉의 가사에 "I'll pull you, I'll pill you, I'll Cruella deVille you, To thrill you I'll use any device (널 당길게, 벗길게, 크루엘라드빌 『101마리 달마시안』에 나오는 악녀. 머리가 흑백 반반]처럼 해줄게. 네가 전율하도록 뭐든 동원할 거야)"라는 구절이 있다. 사실 퀸의 철학이었다. 청중에게 두 시간 동안 '모든 것'을 주어야 된다고 생각했다. 우선 음악을, 다음은 대규모 무대, 극대화된 조명, 최대화된 음향, 드라마틱한 의상이었고 그 안에서 연출하는 게 중요했다. 의상은 맨 처음부터 퀸의 정신을 나타내는 데 신중하게 사용되었다. 의상은 바디 랭귀지를 가장 잘 이용할 수 있다. 그게 기본이다. 무대에 소리와 시각으로 그림을 그리는 것이다. 물론 다양한 방식으로 곡의 분위기나 느낌을 끌어올릴 수 있다. 난 록큰롤은 드라마에 가깝다고 본다. 아담은 의상에 빠져들었다.

내 경우 공연 도중에 의상을 갈아입기가 어렵다. 늘 연주해야 되는 것 같으니까. 그러니 얼른 무대에서 나와 찍찍이로 붙인 옷을 뜯고 몇 초 만에 옷을 갈아입어야 된다. 느긋하게 갈아입은 적이 한 번도 없다. 그래도 옷이 바뀌면 기분이 좋다. 특히 땀나는 더운 밤에는 기분 전환이 된다. 의상은 쇼에 변화를 준다. 구상을 하느냐고? 뭐, 조금. 사실 반사적으로 한다는 생각이 든다. 본능적인 일이다.

요즘은 예전처럼 '요란'하지 않고 (물론 아담은 제외하고) 이 나이에 십대 차림을 하면 어울리지도 않는다. 하지만 이래 뵈도 록 스타 아닌가. 그래서 화려한 의상이 적당한 경우가 있는데, 〈보헤미안 랩소디〉 독주 때가 그런 순간이다. 간단한 해석 외에 즉흥 연주할 수 있는 곡이 아니다. 청중이 '떼창'을 하려고 기대하는 짜여진 곡이고, 난 아주 다양한 상황에서 연주해 왔다.

뮤지컬 「위 윌 록 유We Will Rock You」에 게스트로 출연하는 것은 나 자신에게 선물이다. 연기구름 속에서 솟아오르면, 관객들은 내가 나오는 줄 모르다가 '경악'한다. 청중에게 그 순간은 쇼의 금상첨화다. 하지만 퀸 공연이나 「퀸+아담 램버트」 공연은 청중이 두 시간 내내 내가 연주하는 모습을 보다가 이 순간을 맞이한다. 뭘 해야 그들을 놀라게 할 수 있을까? 특히 방금 대형 스크린으로 〈보헤미안 랩소디〉를 부르는 프레디를 봤는데. 그 분위기를 이어가야 되는데! 뭘 할까? 여배우인 내 아내가 이렇게 조언했다. "옷 자랑 해요!" 그래서 그렇게 한다. 난 각종 요란한 의상들을 갖고 있어서, 백스테이지에서 친구들의 도움으로 번개처럼 갈아입는다. 이 '서프라이즈'를 위해! 재미있다. 가장 최근에는 1970년대에 입던 초기 잔드라 로데스 의상과 비슷한 케이프였다. 새 의상이 스포트라이트를 받아 번쩍이니 액체 금속 같다. 머큐리 비슷하다. 그렇다면…… 더 짙은 영감이 다가든다.

최근의 공연 중 청중과 말없이 나누는 추억이 많다. 우린 역사를 알고, 거기 붙들리고 싶진 않지만 공연 중 틈틈이 언급해도 괜찮다. 그래서 〈디즈 아 더 데이스 오브 아우러 라이브스These Are The Days Of Our Lives〉를 연주할 때 초기에 일본에서 촬영한 비디오를 스크린에 띄운다. 그러면 모두들 그리움에, 향수에 물씬 젖는다. 향수가 쇼 전체를 지배하면 적절치 않겠지만, 한순간은 아주 흐뭇한 분위기를 자아낸다. 〈러브 오브 마이 라이프〉의 마지막 절에서 난 어쿠스틱 기타를 들고 혼자서 있고 프레디가 나타나서 노래한다. 프레디에게 맡길 수 있어서 얼마나 좋은지. 몇 초간 프레디가 거기서 공연의 일부로 다가온다. 당연히 그래야지.

공연에서 프레디의 이미지에 너무 의존하면 실수겠지만, 프레디가 여전히 쇼를 함께하는 것은 참 근사하다. 오래 전 다 같이 만들었으니 오늘도 함께하는 게 당연하지 않은가?

아담은 극도의 자신감과 겸손을 두루 갖춘 사람이지만, 그게 아니라도 청중과 교감하는 능력과 놀라운 목소리로 사람들의 마음을 사로잡는다. 2016년 기본적으로는 처음으로 아시아 투어를 하면서 프레디가 있을 때는 꿈도 못 꾼 도시들을 방문했다. 방콕, 홍콩, 타이페이, 싱가포르, 상하이 같은 곳들 말이다.

아담 램버트가 함께하니 자유롭게 뻗어나가, 멋진 최신식 제작 기법을 다시 한 번 탐구하고 싶어졌다. 새 쇼는 크고 장관이면서, 형태와 조명 구성과 특수 효과는 예전 퀸 공연의 스타일이 많이 드러난다. 하지만 요즘은 신기술이 워낙 발전해서 우리 공연에서 대단한 볼거리를 기대해도 좋다. 우리가 지금처럼 무대를 누비면서 떠들썩하게 공연할 수 있는 한은.

「퀸+아담 램버트」 공연 모습이다. 베이스기타에 닐 페어클로Neil Fairclough, 키보드에 스파이크 에드니Spike Edney, 퍼커션에 루퍼스 타이거 테일러Rufus Tiger Taylor로 라인업이 완성되었다.

우리는 다음 퀸 쇼를 어떻게 구성할지, 매일 밤 어떻게 무대를 꾸밀지에 대해 끊임없이 의논한다.
늘 스스로 묻는다. "우리가 왜 여기 있나?" "우리가 뭘 하고 있나?" "우리에게 중요한 게 뭔가?"
"청중에게 중요한 게 뭔가?" 더 이상 젊지 않으니 물리적으로 많은 게 요구된다. 난 여전히 무대
위를 뛰어다니고 계단을 오르고 몸을 던질 수 있지만 에너지를 더 쏟아야 된다. 요즘 투어에서는
하루 전체가 비지 않으면 아침 일찍 일어나 관광하지 못한다. 휴식하고 먹고 몸을 잘 챙기지 않으

면 공연을 할 수가 없다. 하지만 그걸 감안하면 로저와 나는 여전히 연주를 제법 잘한다. 어쩌면 그 어느 때보다도 더 마법 같이 호흡이 잘 맞는달까. 정신적, 영적, 감정적으로 아주 좋다. 투어가 명확하게 정리된 활동이어선지 아주 건강해진다. 무엇을 해야 될지 안다. 늘 그렇듯 두 시간 동안 청중을 즐겁게 하고, 다음 장소로 이동해서 공연하려면 자신을 챙겨야 한다. 아담이 같이하니 더 좋다. 연주에 대한 태도가 비슷하고, 뛰어난 수준을 모색하는 점도 비슷하다. 부족한 점, 실험, 쇼 비즈니스 상품의 역할, 좋은 록 공연의 요소들에 대한 견해도 마찬가지다. 가 보고 싶은 공연, 우리가 청중이라도 전율할 만한 공연을 꾸미려고 노력한다. 모든 곡이 사연이 있기에 생명을 불어넣어 연주하려고 애쓴다. 공연 때마다 곡의 본래 의도가 갖는 울림을 깨우려고 한다. 또 공연장에서, 아레나에서 재미난 시간을 보내면서 교감하는 것도 해야 될 일이다. 우린 계속 의논하면서 이런 역할들의 균형을 모색하고, 아담은 노래를 신선하게 조명할 멋진 아이디어를 제시한다. 예를 들어 〈세이브 미Save Me〉의 첫 소절을 아카펠라로 시작해 점점 악기를 더하자고 제안했다. 그래서 팬들에게 익숙한 대로 연주하되 살짝 변주해서 좋은 느낌을 주는 곡들이 많다.

"…… 팬들이 부르면 응답한다.
세상에 그보다 중요한 건 없는 것 같다."

그러려면 무엇이 요구될까? 내 삶이 여전히 퀸의 유산 속에 귀속되어 있는지 궁금할 때가 있다. 하지만 우린 그 유산을 일구고 구축하는 데 인생의 큰 부분을 바쳤다. 또 퀸에게는 소멸하지 않을 강한 정신이 있다. 요즘 나는 개인 생활을 소중히 여긴다. 자녀들, 손주들, 아내와 시간을 보내야 한다. 또 천문학과 스테레오그래피도 사랑하고, 케리 엘리스와 새 음악을 만드는 것도 좋다. 긴 시간을 야생동물 보호에도 쏟는다. 하지만 퀸이 부르면 항상 최우선으로 느껴진다. '안 되는데요' 라고 거절하기가 어렵다. 프레디와 존이 함께였을 때와 다름없이 퀸을 사랑하고 우리 음악과 함께 사는 팬들이 있는 걸 안다. 그들이 부르면 응답한다. 세상에 그보다 중요한 건 없는 것 같다.

2017

퀸의 현재와 미래

이 책의 제작이 3년 가까이 계속되다니 놀랍다. '출산'(책과 아기가 어찌나 비슷한지!)이 가까운데 일이 너무 많아 책에 반영하기가 어렵다. 작년에 아담과 새롭고 특별한 경험의 아시아 투어를 마쳤고, 올 여름 대규모 미국 투어를 발표했다. '여력이 있으면' 거기서 끝나지 않겠다. 다른 라이브 공연도 우리를 부른다. 세계 최고의 커버 밴드 '퀸 엑스트라바간자[화려한 쇼]'! 또 공연을 하면서 「퀸+아담 램버트 바르셀로나 콘서트」의 가상현실(VR) 촬영도 마쳤다. 완전한 3D와 360° 서라운드로 주문 제작한 VR 장비로, 우리가 와이어를 달고 청중과 무대 위를 날아다니는 광경을 찍었다. 세상에 선보일 적절한 길이 마련되면 여러분에게 바르셀로나 공연에서 날아다니는 경험을 선물할 수 있다. 필름 제목은 「VR 더 챔피언스!」 부엉이 안경 VR 키트나 다양한 VR 키트를 사용하

아담 뒤에 매달린 저 거대한 형체는 뭐지? 바르셀로나 콘서트 무대에서.

주문제작한 19 고프로 VR 360° 비행 장치!

면 된다. 저가인 '구글 카드보드'부터 비싼 '오큘러스 리프트'까지 다양한 제품이 나와 있다.

우린 구글의 「보헤미안 랩소디Bohemian Rhapsody」 애니메이션 제작에 참여했다. 역시 3D 360° 필름이다. 바로 얼마 전에 '퀸 모노폴리' 게임도 출시했다. 게임에 퀸의 실제 역사를 반영할 수 있어서 아주 재미있을 것이다. 퀸이 되어 주사위를 던져 세계 투어를 할 수 있거든! 내가 집과 호텔과 (무대 제작의 요소가 된다) 관련해 새로운 아이디어를 냈다. 금속 토큰도!

그리고 이 책《퀸 인 3D》를 완성했다!

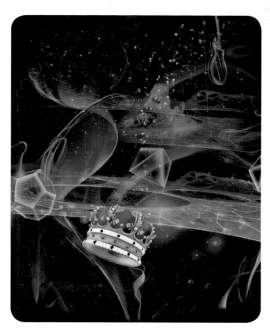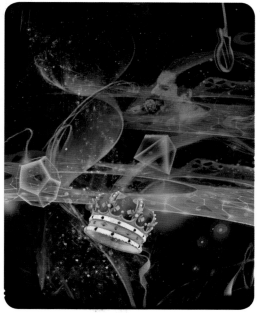

구글 '보헤미안 랩소디' VR 애니메이션.

퀸 모노폴리의 규칙 제정에 고심 중인 브라이언

최근 「와이트 섬 페스티벌」 공연에서 청중과 스테레오 셀피 타임!

'VR 더 챔피언스' 중에서!

스테레오 셀피 촬영 중. 내 유튜브 채널에서 전부 볼 수 있다.

2018

영화「보헤미안 랩소디」

영화「보헤미안 랩소디Bohemian Rhapsody」의 제작 이야기는 자체로 한 편의 영화다! 프레디의 인생에 기초한 영화를 만들자는 제안을 가끔 받았지만 다 사양했는데, 2009년 우리가 안 하면 다른 사람이 하리란 걸 깨달았다. 프레디를 정당하게 보여주려면 우리가 관리하는 길밖에 없었다. 그래서 독립 제작자인 그레이엄 킹Graham King을 중심으로 대본을 쓰고 감독과 영화 촬영소에 관여하는 8년간의 대장정이 시작됐다. 20세기 폭스 사가 영화의 아이디어를 '구입'하자, 로저와 나는 물러나 폭스 팀의 활약을 지켜보았다. 또한 우리는 촬영 기간 대부분 투어를 했기 때문에 영화를 그쪽에 맡겨둘 수밖에 없었다. 하지만 수시로 촬영장을 방문했고, 나는 후지필름 W1 3D 카메라를 들고 가서 촬영 현장의 활기를 기록했다.

2017년 3월 17일. 라미 말렉과의 첫 만남에서 찍은 사진.
당시 라미의 출연 사실이 비밀이어서 사진을 공개하지 못했다. 하지만 우린 즉시 죽이 맞았다. 무척 짜릿한 순간이었다.

'보 랩' 친구들. 조이 마젤로, 귈림 리, 벤 하디, 라미 말렉.
유명한 '애비 로드' 녹음실에서 영화의 기본 트랙들을 준비할 때라서 다들 가벼운 '사복' 차림이다.

프레디 역의 라미 말렉은「라이브 에이드」공연 실황을 정확하게 재현했다.
초록색 스크린은 1984년 웸블리 스타디움의 엄청난 청중이 '될' 엑스트라 규모를 늘리는 데 사용되었다.
모든 장비가 그때와 똑같이 제작되었다.
프레디가 공연 중 조절했던 '헬핀스틸' 피아노 픽업 박스[무대 위의 피아노 소리를 증폭시키는 장비]까지 그대로였다.

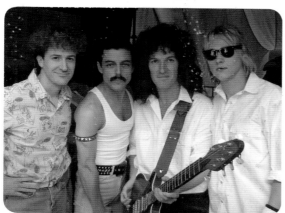

영국 허트포드셔의 '보빙턴 비행장'에서「라이브 에이드」촬영 대기 중인 밴드.
왼쪽부터 존 역의 조이, 프레디 역의 라미, 브라이언 역의 귈림, 로저 역의 벤.
이들이 젊은 시절의 우리 넷으로 변해서 살아 숨 쉬는 퀸을 만들어냈다.

2017년 9월 7일,「라이브 에이드」리허설에서 라미 말렉과 브라이언 삼촌.
짜릿하다! 뒤쪽 장비들이 당시 퀸이 사용한 장비와 똑같다.

나와 로저가 촬영장을 찾은 VIP 손님과 함께. 바로 1984년 「라이브 에이드」를 탄생시킨 장본인 밥 겔도프!

「라이브 에이드」 백스테이지까지 똑같이 재연!
인터뷰 룸에서 예전 텔레비전 카메라와 당시의 장비 앞에 있는 나.

과거와 현대의 두 브라이언! 「라이브 에이드」 촬영을 위해 나로 분장한 귈림.
클라이맥스인 「라이브 에이드」 장면부터 촬영한 것은 용감한 기획이었다. 멤버들이 기름칠 잘 된 기계처럼 최고의 기량을 선보였다!

〈킬러 퀸 Killer Queen〉의 「탑 오브 더 팝스」 장면을 촬영하는 라미, 2018년 1월 24일

「탑 오브 더 팝스」. 루시와 폴 프렌터 역의 앨런 리치. 폴은 프레디의 개인 매니저로 이야기의 핵심 요소다.

「탑 오브 더 팝스」. 드럼 앞의 벤. 벤은 영화를 위해 드럼 연주를 배웠다.

「탑 오브 더 팝스」 장면. 베이스 기타를 맨 존 디콘 역의 조이.
신체 표현과 댄스를 잘 소화해서 존의 바디랭귀지를 재연했다.

2017년 10월 4일 록필드 스튜디오 세트장에 선 귈림. 나의 〈보헤미안 랩소디〉 솔로 독주를 연기했다.
그는 이미 뛰어난 기타리스트였지만, 내 습관들을 연구해서 고스란히 보여주었다.
내가 더빙한 게 아니라 귈림 자신의 목소리라고 말했지만, 내 가족조차 믿지 않았다. 정말 오리지널에 가까웠다.

록필드 조정실에서 본 스튜디오. 라미가 귈림에게 '디렉션'을 주는 중!

매디슨 스퀘어 가든 세트의 '보 랩' 멤버들. 2017년 10월 6일

라미와 루시 보인턴. 루시는 프레디의 오랜 동반자인 메리 오스틴 역을 섬세하게 연기했다. 2017년 10월 13일.
세트는 메리가 매니저로 일한 켄싱턴 처치 스트리트의 가게 바이바Biba를 그대로 재연했다.

라미 말렉과 루시 보인턴, 가든 롯지(프레디의 런던 자택) 장면을 촬영하다가 휴식 중.

헬기 탑승!

서런던 배터시의 헬리콥터 탑승장, 2016년

헬기에서 본 「와이트 섬 페스티벌」 광경, 2016년

1986년 배터시에서 넵워스 파크로 날아갈 헬기에 탑승하는 메이 가족. 크리시, 루이자, 브라이언, 지미.
이때는 아무도 몰랐지만, 퀸 시대의 1막이 끝나는 순간이었다.

사진 저작권

아래의 경우를 제외한 모든 사진은 브라이언 메이 촬영

저작권 소유자를 찾아서 이미지 재생산을 승낙 받으려고 최선을 다했습니다.

질문이 있으면 '런던 스테레오스코픽 컴퍼니'로 연락 바랍니다.

Helen Bovill: 192–3, 238–9, 242, 244 (top, middle), 245 (top), 250
Terry Brisco: 231 (middle), 244 (lower), 245 (lower)
David Burder: slipcase lenticular, 132–3
Arthur Edwards: 231 (middle)
EMI Photo archive: 74–5, 226
Simon Fowler: 201 (middle), 202 (top, lower), 203 (top, middle)
Google and Enosis VR 249 (top)
Rob Halford: 241
Koh Hasebe: 2–3, 136
Claudia Manzoni: 231 (lower), 245 (middle)
Joe Murray: 232–7
Akira Nagate: 136, 246
Ariel Natale: end papers
Peter Neutkens: 216–20, 221 (top), 222–225, 228–9
Denis Pellerin: 13–14, 20, 23, 26, 33, 56 (top), 59 (top), 69 (lower), 76 (lower), 137 (lower),
          142 (top), 144 (lower), 147, 173, 204–5, 230–1, slipcase (rear)
Neal Preston: 24, 25
Queen Productions Ltd. (Denis O'Regan): 226–7, 228–9,
Robin Rees: 246–7 (background)
Brian Smallwood: 137, 192–3
James Symonds: 146
William3D (stereo conversions): 29, 76, 136, 231, 255

감사의 말

믿음과 인내심을 아끼지 않은 우리 LSC 팀에게 감사드립니다. 데니스 펠러린, 제이미 시몬즈, 로빈 리즈. 당신들은 좋은 날도 나쁜 날도 나와 함께했고, 내가 기운을 잃으면 다시 일어나게 격려해 주었습니다. 또 당신들 덕분에 부족한 부분이 메워졌습니다. 당신들이 없었으면 절대로 이 책을 완성하지 못했을 겁니다. 마찬가지로 우리보다 우리를 더 잘 아는 퀸 전문가 그렉 브룩스의 완벽한 지원에 감사드립니다.

새러 브리커스, 샐리 프로스트, 닉 웨이머스, 필 머레이, 필 사임스, 엠마 도나휴, 필 한슨, 니콜 에팅거, 켄 콩, 피트 맬런드론, 배리 무어하우스, 필 웹, 닉 로빈슨, 트레버 버드, 스티브 맥궈크, 앤 브룸머, 스테이스 베이어드, 샤론 애슐리, 그레이엄 스넉스, 토니 윌슨-블라이, 저스틴 셜라-스미스, 크리스 프레드릭슨, 폴과 신시아 로저스, 아담 램버트, 짐 비치, 스티브 젠슨, 재닉크 미켈슨, 잭키 스미스, 데이비드 버더, 반젤리스 림포리디스, 짐 젠킨스, '윌리엄 3D', 샤론 허버트, 나이젤 버쳇, 한스 뉴켄스, 마키 우부카타, 앤드류 휘튼, 맛있는 케이크를 주신 모이라, 중국어를 봐준 웬디, 사진 복구 어시스턴트이자 조언을 주신 리처드 그레이. 월피, 의식주를 살펴줘서 고마워요.

이 정신없는 속에서 40년간 살면서도 내가 여전히 괜찮은 아빠였다고 느끼게 해 주는 지미, 루이자, 에밀리에게도 고마움을 전한다. 또 어여쁜 손주들을 안겨줘서 고맙구나.

그리고 '원더풀'하다는 표현이 딱 맞는 아내 아니타에게 무한한 감사의 마음을 전합니다. 그녀는 30년간 영국에서 가장 화를 잘 내는 남자와 살면서 온갖 역경을 이기고 믿어 주었습니다. 또 누구의 기대보다도 오래 함께하며 내 유일한 명약이 되어 주었습니다.

나와 아내. 1988년 내가 그녀의 솔로 앨범 《토킹 오브 러브Talking of Love》를 발매하면서

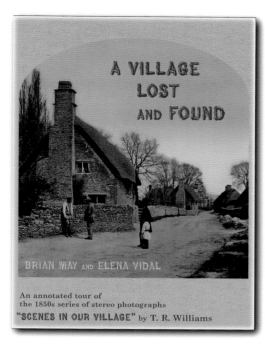

A VILLAGE LOST AND FOUND

BRIAN MAY AND ELENA VIDAL

An annotated tour of
the 1850s series of stereo photographs
"SCENES IN OUR VILLAGE" by T. R. Williams

THE
London Stereoscopic Company,
LTD.

빅토리아 시대부터 현재까지
세계 최고의 3D 이미지를 공유하는 것이
우리의 의무다.

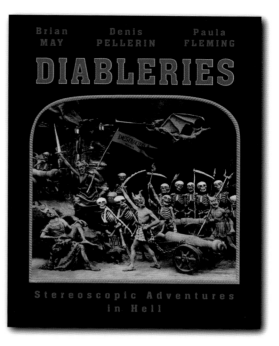

Brian   Denis   Paula
MAY   PELLERIN   FLEMING

DIABLERIES

Stereoscopic Adventures
in Hell

THE
POOR MAN'S PICTURE GALLERY

Stereoscopy *versus* paintings in the Victorian era

Denis Pellerin   Brian May

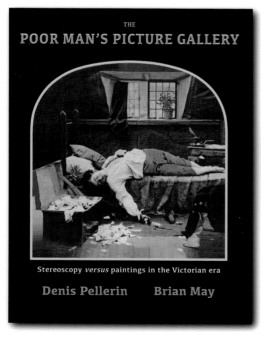

www.LondonStereo.com

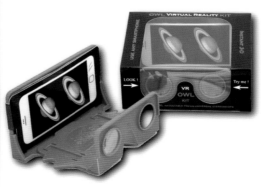

CRINOLINE
FASHION'S MOST MAGNIFICENT DISASTER

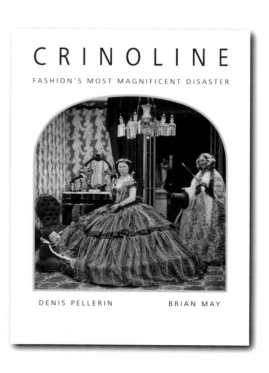

DENIS PELLERIN   BRIAN MAY

이 책 속 이런저런 이야기들이 흥미롭다면 www.BrianMay.com의 Bri's Soapbox도 방문하기를.
내가 퀸의 그 시절 이야기나, 함께 공유하며 생각해 보고 싶은 세상의 이슈들에 대해 간간이 털어
놓는 곳이니까. 단, 너무 자주 정기적으로 방문하지는 말고!